BIBLIOTHÈQUE
DES MERVEILLES

PUBLIÉE SOUS LA DIRECTION
DE M. ÉDOUARD CHARTON

LE DÉSERT

DU MÊME AUTEUR

auban (l'homme de guerre, l'homme d'État, l'homme privé). 1 vol. in-8, 1835. (H. E. Martin, éditeur.).

Ouvrage couronné par la Société d'Encouragement au Bien.

19230. — Paris. Imprimerie Lahure, rue de Fleurus, 9.

BIBLIOTHÈQUE DES MERVEILLES

LE DÉSERT

PAR

ADRIEN MELLION

Le désert! noir chaos
Toujours inépuisable
En monstres, en fléau.
V. Hugo.
(*Les Orientales — Le feu du ciel*)

OUVRAGE

ILLUSTRÉ DE 23 GRAVURES SUR BOIS

PARIS

LIBRAIRIE HACHETTE ET Cie

79, BOULEVARD SAINT-GERMAIN, 79

1890

INTRODUCTION

On applique généralement le nom de *déserts* à de vastes territoires incultes et inhabités. Cette définition présente, entre autres défauts, celui de manquer d'exactitude. Il y a désert et désert. Comme le fait observer très justement M. de Tchihatchef, « tandis que plusieurs des régions désertes aujourd'hui ne l'ont pas toujours été et par conséquent pourraient devenir habitables de nouveau, il en est d'autres où ces conditions ont subi des modifications trop graves pour que l'homme puisse s'y soumettre, en sorte que ces régions sont condamnées à être des solitudes perpétuelles[1] ».

Cette question d'habitabilité crée une différence profonde entre les *déserts* et les *steppes*. A vrai dire, les steppes occupent un degré intermédiaire entre les déserts et les régions cultivées. Ce sont d'immenses plaines dont le sol, remarquablement uni, est partout recouvert, à défaut d'arbres, d'une épaisse végétation herbacée, grâce à l'humidité dont il reste plus ou moins longtemps imprégné après les pluies printa-

---

1. *Revue des Deux Mondes*, 1ᵉʳ janvier 1889.

nières. Telles sont : en Asie, les *toundras* maréca-
geuses de la Sibérie, les jungles impénétrables du
bas Hindoustan, les steppes kirghizes, et ceux de
cette Mongolie si bien nommée « la terre de gazon,
tsaoti », par les Chinois; en Amérique, les *prairies*
du Mississipi, les *llanos* du Vénézuela, le Grand
Chaco du Brésil, les *pampas* de la République Argen-
tine; en Afrique, les *savanes* du Transwaal; en
Europe, les *maremmes* de la Toscane et l'*Agro ro-
mano*, la Campine belge, les sablonneux *heiden* du
Brandebourg, la *puzta* magyare, immortalisée par
les chants de Petœfi; puis, en Russie, les steppes qui
avoisinent le Don, le Dniéper et le Volga. On peut y
ajouter, en France, les *landes* de Gascogne et de
Bretagne, si célèbres, les premières par leurs bergers
aux longues échasses, les secondes par leurs mystérieux monuments mégalithiques, les *causses* de la
Lozère, les *brandes* de la Sologne, les tristes Dombes,
et enfin la Crau provençale, ce paradis du mouton.

La plupart de ces mers herbeuses forment autant
de pâturages naturels qui nourrissent de nombreux
troupeaux. Leur stérilité est relative et tout accidentelle. Défrichées, elles sont susceptibles de culture, et quels beaux rendements donnent alors ces
terres vierges! Pour s'en rendre compte, il suffit de
songer à ces steppes de la Nouvelle-Russie devenus
en si peu de temps le grenier à blé de l'Europe, à ces
prairies de l'Union, naguère encore le domaine du
trappeur, et qui maintenant exportent leurs céréales
sur tous les marchés du monde. En résumé, dans les
pays de steppes la nature est loin de se montrer
inclémente à l'homme : elle y attire même, sur certains points, des populations très denses, soit en vue

de l'élevage du bétail, soit en vue de l'exploitation directe d'une glèbe toujours généreuse.

Tout autres sont les déserts. Ici le pays est non seulement inhabité, mais encore inhabitable. Ici, par suite de l'extrême et constante siccité de l'air ambiant, le sol est nu, presque partout irrévocablement stérile. Ici l'on peut marcher des heures et des jours sans découvrir autour de soi qu'une succession de plaines arides, déroulant à l'infini leurs champs de sables jaunes ou de pierres grisâtres sous un ciel d'une pureté désespérante, sans apercevoir le plus infime ruisselet, le moindre brin de verdure, l'ombre d'un être animé, sans entendre d'autre bruit que les sifflements de la poitrine tenaillée par la soif.

Ainsi considérés, les déserts n'occupent qu'une partie relativement restreinte de notre globe. Ils n'y sont pas d'ailleurs arbitrairement disséminés, et leur situation fournit une nouvelle preuve de cet ordre immuable qui caractérise à tous les degrés l'œuvre du grand architecte de l'Univers. Si l'on jette en effet les yeux sur une mappemonde, on remarque que les déserts forment une zone disposée en arc de cercle dont la convexité est tournée vers le nord ouest, et qui traverse obliquement tout l'ancien con timent, s'étendant presque sans interruption depuis la côte occidentale d'Afrique jusqu'aux montagnes de la Mandchourie. Ajoutons qu'un fragment de cette bande de terres sèches se retrouve dans l'Amérique du Sud, entre les Andes boliviennes et l'océan Pacifique.

La « zone désertique » n'offre pas le même aspect d'un bout à l'autre ; les conditions topographiques, la constitution du sol, la température moyenne, altèrent plus ou moins les traits communs, l'air de famille, pour ainsi dire, des divers pays qu'elle traverse, et leur donnent ainsi à chacun une physionomie spéciale. Telle de ces solitudes n'est qu'une suite de plateaux rocheux, tantôt nus, tantôt semés de pierrailles aiguës et tranchantes; telle autre, couverte de galets, donne l'illusion d'une grève abandonnée; telle autre encore, de formation argileuse, s'étend en nappes dures et lisses comme une aire battue par le fléau. Il en est dont les champs de lave trahissent l'origine volcanique; d'autres, au contraire, où le sable domine, semblent le lit desséché de quelque ancien océan.

Au point de vue géographique, la zone désertique se divise également en plusieurs parties. Elle comprend : en Asie, les déserts de la Mongolie: les déserts du Touran ou du Turkestan; les déserts de l'Iran ou de la Perse; les déserts de l'Arabie et de la Syrie; en Afrique, les déserts de l'Égypte et le Sahara; en Amérique, le désert d'Atacama.

LE DÉSERT

CHAPITRE I

LES DÉSERTS DE LA MONGOLIE

§ 1. Topographie du plateau mongol. La « Terre des herbes. ». — Constitution géologique des déserts de la Mongolie. Les déserts de pierre : le Gobi. Les déserts de sable : régions de l'Ala-Chan et du Taklamakan ; les *tingéri*; région de l'Ordoss : les Kouzouptchi. Le sel : lac de Dabsoun-nor. L'ancienne Méditerranée mongole. — § 2. Climat, ses variations. L'eau. Exagération de la chaleur et du froid — § 3. Flore : le *dirissou*, le *soulkhir*. Faune : mammifères, oiseaux. — § 4. Ethnographie. Les nomades de la Mongolie. Caractères physiologiques des Kalmouks. Habitation. Vêtements. Régime : le thé en briques. Animaux domestiques : les *tinés*. Le chameau existe-t-il à l'état sauvage ? — Vie morale des Kalmouks : l'hospitalité, la religion. — Vie intellectuelle : la poésie kalmouke; les légendes de la « Prairie grise », les *djangartchi*. — § 5. Traversée du Gobi : La route du thé. Mode de transport.

> Comme un voile de fiancée
> La nuit tombe au front du désert,
> Aux charmes de la nuit notre cœur s'est ouvert
> Lorsque brillante aux cieux Vénus s'est élancée
>
> (Félicien David : *Le Désert.*)

§ 1.

Avec l'enchevêtrement de ses hautes vallées, avec sa forêt de pics neigeux, avec ses rochers jetés comme au hasard les uns sur les autres, et dont l'entassement prodigieux semble donner créance à la fable des Titans s'élançant à l'assaut du ciel, l'énorme nœud montagneux que forme, au cœur de l'Asie, le croisement de la chaîne himalayenne et de celle de l'Hindou-Kouch, présente au premier abord l'image du chaos.

Mais ce désordre n'est qu'apparent, car, si l'on jette les yeux sur une carte bien nette, telle que celle de Schräder ou de Vivien de Saint-Martin, on voit que la masse de ces hautes terres présente dans sa disposition une grande régularité. Elle est constituée par une série de terrasses qui s'étagent autour d'un plateau central, le Pamir, centre de gravité de tout le système. Le plateau de la Mongolie forme le palier inférieur de ce gigantesque escalier.

Ce plateau s'étend sur un espace de cent vingt millions d'hectares entre la Sibérie au nord, le Thibet au sud, la Chine à l'est. La chaîne des Monts-Célestes et celle de l'Altaï le séparent, à l'occident, du bassin de la mer d'Aral. C'est dans l'ensemble un plan incliné du nord-ouest vers le sud-est. Les nivellements barométriques exécutés par les derniers explorateurs, en 1832 par Füss et Bunge, en 1873 par Fritsche et Elias Ney, en 1875 par Préjvalsky, ont fait connaître que l'altitude moyenne du plateau pouvait être évaluée à 1200 mètres au sud-ouest, à 800 mètres seulement dans la partie orientale, et qu'il était creusé en son centre par une dépression de plus de cent lieues de large.

Il ne présente pas le même caractère d'uniformité dans toute son étendue. Le nord de la Mongolie est un pays habité, le *Tsaoti*, la « Terre des herbes, steppe verdoyant qui déroule à l'infini le moelleux tapis de ses pâturages. La région centrale et méridionale est au contraire aride et nue. Elle est occupée par le désert de Gobi ou Cha-Mo, qui comprend lui-même les déserts de Taklamakan au sud et de l'Ala-Chan au sud-est.

Vue prise dans les déserts de l'Ala-Chan.

Bordé de ce dernier côté par le Hoang-Ho, il reparait au delà sous le nom de plateau de l'Ordoss, vaste quadrilatère de plus de cent mille kilomètres carrés que le fleuve enveloppe de trois côtés et que la grande muraille sépare du Céleste Empire. Autrefois très fertile et très peuplé, l'Ordoss n'est devenu désert que par la faute des hommes : il a été ruiné, stérilisé à tout jamais par les guerres sans trêve ni merci que les Mongols et les Chinois s'y livrèrent au xiiie siècle, guerres terminées, on le sait, par l'écrasante défaite que Gengis-Khan fit subir aux fils du Ciel. C'est maintenant une morne solitude où reposent, dit-on, les restes mortels du conquérant, et qui a reçu des Mongols l'appellation de « prairie grise », par opposition aux verdoyants herbages de la grande vallée qui l'entoure.

La constitution géologique du Gobi n'est pas uniforme non plus : les terrains sédimentaires s'y rencontrent associés aux terrains plutoniques. Toutefois ces derniers prédominent : le corps du plateau est surtout formé de masses de granit, et le sens de « plaine de pierre », qu'exprime le mot Gobi dans la vieille langue mongole, est pleinement justifié.

Les formations granitiques se présentent elles-mêmes sous les aspects les plus divers : tantôt le sol est hérissé de gros blocs très durs, les uns complètement noirs, les autres d'une belle couleur pourpre ; tantôt il est pavé de graviers rougâtres au son métallique, à cassure cristalline, de cailloux quartzeux multicolores, agates, sardoines, carnéoles, cornalines et calcédoines, dont l'assemblage dessine parfois les plus admirables mosaïques. Ailleurs ce sont de nombreux bancs de grès, « qui se succèdent avec une monotonie désespérante aussi loin que la vue peut s'étendre [1] ».

1. Mme de Bourboulon.

En maint endroit, particulièrement dans les dépressions, la roche primitive disparaît sous un tapis de sable, ou des stratifications argileuses empâtant des îlots de gneiss. Au nord-est, le sable se répand en longues coulées (*cha-ho*) qui, alternant pendant plusieurs lieues avec les dalles gréyeuses, produisent un singulier effet : on dirait une gigantesque peau de zèbre étalée à la surface du sol.

L'impression est bien différente dans les déserts du sud, dans l'Ala-Chan et le Taklamakan. C'est ici le désert par excellence, la région maudite dont l'implacable nudité arrête instinctivement le voyageur prêt à s'y aventurer. C'est ici le véritable Cha-mo, la « mer de sables » redoutée des Chinois. Ces sables, le plus souvent, s'amoncellent en dunes mouvantes, appelées *tingéri* et séparées, comme dans nos landes gasconnes, par des lizes assez larges. Elles ne s'élèvent pas généralement à plus de 15 mètres ; mais, dans le Taklamakan, elles vont jusqu'à 180 mètres. Ce sont donc les plus hautes dunes du monde.

Dans l'Ordoss ces collines aréneuses se brisent en mille petits tertres isolés qui, sous le souffle capricieux des vents, s'arrondissent et se groupent en cercles réguliers, semblables de loin, avec leurs jaunes mamelons luisant sous le ciel bleuâtre, à de superbes rivières de topazes. De là le nom de *Kouzouptchi*, colliers, que les indigènes ont donné à ces formations. Triste pays d'ailleurs où l'on peut marcher deux jours de suite sans rencontrer âme qui vive, sans entendre le moindre bruit, sinon la plainte du vent dans les dunes [1].

Argileuses ou sablonneuses, les terres basses du Gobi sont toujours imprégnées de sel. On aperçoit, éparpillées dans les fonds, les grandes taches brillantes des croûtes

1. Le P. Huc.

Une caravane dans le Gobi central.

salines et aussi des *goutchir*, sortes d'efflorescences ni-
treuses que lèchent avidement les montures assoiffées.
La partie la plus déclive du Trans-Ordoss est occupée par
le lac salé de Djarataïdabassou. Tout autour, jusqu'à plus
de cinquante kilomètres, s'étendent des couches de sel qui
atteignent souvent deux mètres d'épaisseur, et dont la surface cristalline est d'une telle pureté que les oiseaux de
passage s'y abattent instinctivement, la prenant pour une
nappe d'eau. D'autres gisements salifères existent dans
l'Ordoss : le plus important est le Dabsoun-nor, vaste dépôt
de sel gemme, exploité de temps immémorial par les riverains du Hoang-Ho.

Les diverses particularités topographiques et géologiques du Gobi, son immense excavation médiane, l'étendue
qu'occupent les lacs, les strates argileuses, les terrains
sablonneux et salins ne permettent de concevoir aucun
doute sur l'origine neptunienne de ce désert ou du moins
de sa région méridionale. L'Histoire est en cela d'accord
avec la Science : les traditions populaires chinoises ne désignent jamais cette région autrement que sous le nom de
« *Han-haï*, mer desséchée ». Les géographes modernes
considèrent le Cha-mo comme le fond d'une mer intérieure
dont les flots auraient disparu sous l'influence des phénomènes météorologiques qui, au début de la période
quaternaire, ont modifié si profondément le climat de
l'ancien continent[1]. C'est l'avis d'Élisée Reclus : « Jadis,
écrit-il, lorsque les eaux que déversent les parois intérieures du cirque de plateaux étaient beaucoup plus abondantes, une vaste mer à peu près aussi longue que la
Méditerranée, de l'ouest à l'est, mais un peu moins large,
emplissait toute la partie basse de la cavité asiatique[1] ».

1. E. Reclus. *Géographie universelle* : Asie orientale.

§ 2.

Déjà défavorisée au point de vue géologique, la Mongolie
méridionale n'est guère mieux partagée sous le rapport de
la température. Son climat se montre dès plus fantasques
et des plus désagréables. On y passe presque sans transition d'un froid polaire à des chaleurs tropicales, et ces variations atmosphériques se succèdent parfois dans l'espace
de quelques heures. Ainsi au printemps le thermomètre,
qui, à midi, accuse 30 degrés à l'ombre, tombe, le soir
venu, à — 12 et même — 18 degrés [1].

La direction des vents qui parcourent la Mongolie varie
suivant les saisons : ils soufflent du sud-est en été, du
nord-ouest en hiver. Mais si leur point de départ est dia-
métralement opposé, en revanche ces deux courants aériens
ont un caractère commun : la sécheresse. La pluie est très
rare dans ces déserts, surtout dans l'Ordoss : là on ne
rencontre que des lagunes ou des citernes remplies d'une
vase puante ; souvent même des journées entières se
passent sans qu'on puisse se procurer une seule goutte
d'eau.

Dans le Gobi proprement dit, le précieux liquide n'existe
que dans les fondrières formées par les pluies d'orages,
dans certaines cavités naturelles ouvertes entre deux couches superposées de sable poreux et d'argile imperméable, et dont l'emplacement se reconnaît de loin aux taches
sombres de la verdure qui croît sur les bords.

Pour bien comprendre le vrai caractère de la température estivale au désert, il faut en examiner les effets dans
la partie la plus déprimée, dans le Gobi central. Prjévalsky

----

1. Le P. Vranckx. — Prjévalsky. — Mme de Bourboulon.

Une source dans le Gobi.

l'a traversé vers la mi-juillet et il fait une peinture saisissante des souffrances causées par la chaleur à sa petite caravane : « Dès l'aube, dit-il, à peine le soleil se montrait à l'horizon que l'air devenait brûlant. Pendant la journée nous marchions entre deux fournaises : en haut le soleil, en bas le sol embrasé. Pas un seul nuage ne paraissait au ciel. L'atmosphère était terne et d'une couleur sale. Si, de loin en loin, quelques nuages se déchargeaient, les gouttes de pluie, par suite de l'horrible sécheresse, n'arrivaient même pas jusqu'à terre. » Un moment arriva où la température du sol atteignait 63 degrés centigrades à la surface et 26 degrés à deux pieds de profondeur. L'air est d'ailleurs tellement sec qu'une chaleur de 30 degrés n'excite pas la transpiration [1].

Cette extrême sécheresse des vents d'été se retrouve dans l'implacable rigueur des vents d'hiver. Ces courants qui, partis des mers polaires, s'abattent sur le Gobi après avoir balayé sur un espace de près de 800 lieues les toundras gelées de la Sibérie, viennent se briser sur les hautes terrasses des montagnes mandchoutes; ils ne peuvent donc apporter au désert aucune particule aqueuse, aucune trace de vapeur humide. Leurs effluves glacés produisent l'effet d'une lame de rasoir sur la peau des voyageurs, qu'elles fendraient sans pitié si ceux-ci ne prenaient la précaution de se garantir les extrémités avec des fourrures et de se couvrir le visage d'épais masques de feutre. A cette époque de l'année, Prjévalsky a vu la colonne mercurielle du thermomètre centigrade descendre jusqu'à 57 degrés au-dessous du point de congélation !

1. Le P. Vranckx.

§ 3.

De l'absence d'eau résulte l'absence de végétation ; la stérilité presque générale du Gobi en est une preuve indéniable. La flore de cet affreux pays se réduit presque partout à quelques fougères exhalant une odeur fétide, à quelques touffes de plantes basses et rampantes, comme l'armoise ou la petite absinthe (*tchii*), si bien collées à terre que pour les brouter les animaux sont obligés de labourer le sol de leur museau [1]. Parfois aussi, mais de très loin en très loin, un arbuste épineux dresse sa maigre silhouette sur la nudité grise du désert. Certaines espèces végétales sont cependant intéressantes pour le botaniste : on peut citer entre autres : le *dirissou* (*Lasiagrostis splendens*), qui vient dans les fonds argileux, où il forme des buissons de quatre à cinq pieds de haut, aux ramilles dures et cassantes comme du fil de fer [2]; le *zax* ou *sacsaoul* (*Haloxylon ammodendron*), assez commun dans les localités sablonneuses, notamment dans les dunes de l'Ala-Chan ; le *soulkhir* (*Agriophyllum gobicum*), que l'on trouve dans les districts salifères de l'Ordoss et dont les graines fournissent aux nomades un aliment nutritif. Mais la plante caractéristique de l'Ordoss est la réglisse, appelée « tchikir-bouia » par les Mongols. Elle abonde en certaines régions du plateau, et ses racines, fort recherchées en raison de leurs propriétés médicinales, s'expédient en nombreux fagots, par la voie du fleuve Jaune, dans toutes les provinces centrales du Céleste-Empire.

Quant aux arbres, ils sont regardés au Gobi comme de véritables phénomènes. Comment d'ailleurs pourraient-ils

1. Le P. Huc.
2. Prjévalsky.

prendre racine au milieu de ces pierrailles et de ces sables mobiles? Comment pourraient-ils se développer dans cet air desséché, résister à ces courants impétueux qui tourbillonnent au ras du sol, déchaussant les touffes les mieux adhérentes, arrachant jusqu'aux moindres herbes qu'ils emportent, qu'ils roulent comme en une valse folle sur le rude plancher des granits? D'une extrémité à l'autre du désert, de Kalgan à Ourga, c'est-à-dire sur une étendue de plus de mille kilomètres, on compte cinq arbres, pas un de plus : c'est à la station de Boulaü, un vieil aune tordu par la chaleur et, près d'Ourga, quatre misérables ormeaux. Le Mongol vient les contempler au passage, et pieusement il orne leurs rameaux de banderoles ou autres amulettes. Dans la région sud-ouest du Gobi, sur les frontières du Taklamakan, Piattsetsky n'a découvert en dix jours de marche que quelques pieds de peuplier au tronc difforme et évidé. Et le fait est si rare qu'il l'a soigneusement noté comme un des principaux incidents de son voyage.

La vie animale est en corrélation étroite avec la vie végétale. Cela revient à dire que la faune des déserts tartares est presque aussi insignifiante que leur flore. En fait de gros mammifères, on n'y voit que des antilopes, traversant rapidement l'espace à la recherche d'une aiguade ou d'un pâturage problématiques. Ces jolies bêtes appartiennent à la même famille que nos cerfs européens. Elles leur ressemblent par la taille, par l'élégance et la souplesse de leur membrure, par la douceur de leur pelage fauve et ras; elles s'en distinguent seulement par leurs cornes qui, au lieu d'être osseuses, ramifiées et soumises à des mues périodiques, sont persistantes et légèrement recourbées en arrière.

Deux espèces d'antilopes sont propres au Gobi : la

dzeren ou antilope de Mongolie (*Antilopa gutturosa*) et l'antilope à queue noire (*Antilopa kara soulta*). Cette dernière, indépendamment du signe physique qui lui a valu sa dénomination, se fait remarquer par son humeur misanthropique et défiante à l'excès. Véritable anachorète de ces déserts, elle recherche instinctivement les endroits les plus sauvages et surtout les régions couvertes de dunes où, grâce à la couleur de sa robe qui se confond avec celle du sable, elle se soustrait plus aisément aux regards du chasseur. Elle y vit presque seule, et n'en sort le plus souvent qu'à la nuit pour se rendre à l'abreuvoir. Parfois alors on la voit de loin apparaître au sommet d'un monticule, semblable avec sa fine silhouette nettement découpée sur le fond d'or pâle du couchant au cerf mystérieux de la légende de saint Hubert.

Les dzerens fréquentent les mêmes parages que la kara soulta, mais leur naturel est plus sociable. Elles errent ordinairement par troupes d'une douzaine, quelquefois même de plusieurs centaines de têtes. La chair de cette espèce d'antilope est, dit-on, des plus savoureuses et recherchée par les Mongols. qui sont de grands amateurs de venaison. Mais il ne leur est pas souvent donné d'y goûter. Aussi farouche que sa congénère, la dzeren se laisse difficilement aborder par l'homme dont son ouïe et son flair très subtils lui révèlent de fort loin la présence. Reniflant bruyamment les émanations que le vent lui apporte, elle détale, affolée, au moindre signe suspect. Digne rivale de ce coursier-fantôme, de ce « cheval blanc des prairies » qu'évoquent les récits de Fenimore Cooper et de Gustave Aimard, douée en outre d'une admirable force de résistance aux blessures, la dzeren est presque insaisissable et pourrait même, l'un de ses jarrets brisé, défier encore et fatiguer promptement le plus rapide étalon.

Les Nemrods du désert peuvent du reste se rabattre sur du gibier de moindre qualité, mais plus facile à prendre. Tel est le lièvre nain (*Lagomys ogotono*), ainsi appelé à cause de sa parenté avec notre lièvre commun dont il a la dentition, et de sa taille minuscule égale à celle d'un rat. Aussi craintifs que leurs sosies européens, ces petits rongeurs se creusent des terriers où ils passent l'hiver, assoupis sur une épaisse litière de foin qu'ils ont amassée pendant l'été. Ils n'en sortent qu'aux premiers jours de printemps : alors on les voit, tantôt avancer avec précaution leur petite tête pâlotte à l'entrée de leur galerie, et fouiller d'un regard anxieux le terrain environnant, tantôt même au lever du soleil se risquer à sortir complètement et venir, la queue et les oreilles frétillantes, « faire leur cour à l'aurore », parmi l'armoise et la rosée, comme les lapins de nos garennes, tout prêts, comme eux aussi, à se couler dans leur trou, dès la moindre alerte.

Leur timidité est assez justifiée. Ils ont, sans compter l'homme, de nombreux ennemis parmi les animaux eux-mêmes : les buses et les corbeaux en font tous les jours un véritable carnage et, malheureusement pour les lagomys, ces minotaures emplumés abondent en Mongolie.

La gent ailée du Gobi ne comprend pas, il est vrai, qué des oiseaux de sinistre augure. Il a ses hôtes charmants, dont les gazouillements égayent ses solitudes. Parfois, au matin des beaux jours, à pointe d'aube, une douce cantilène se fait entendre : c'est la baïline qui chante. La baïline est le nom chinois de l'alouette de Mongolie (*Melanocorypha mongolica*). Aussi mignonne que sa sœur de France, elle la surpasse en talent musical. Dans son gosier tient tout un orchestre aux vibrations cristallines, dont elle use pour imiter la voix de tous les autres oiseaux et pour agrémenter son propre chant de fioritures toujours nouvelles…. Et c'est une puissante diversion à la fatigue, un réel apaisement aux angoisses de l'âme que ce concert des alouettes égrenant à la face du soleil levant leur collier de perles mélodieuses dans le grand silence du désert.

Parmi les curiosités ornithologiques de ces plaines tartares, on remarque encore le solitaire (*Syrrhaptes paradoxus*), sorte de pigeon appelé « boldourou » par les Mongols et « sadji » par les Chinois. Il appartient à la famille des Gangas.

L'aire de dispersion de ces oiseaux s'étend sur toute l'Asie centrale, mais leur patrie, le Gobi, est aussi leur séjour d'élection. Si, en hiver, la froidure et la faim les forcent à s'exiler dans les vallées bien abritées du Transbaïkal, ils n'y restent pas longtemps et la tiède haleine des brises d'avril les ramène aux plaines natales. Ils arrivent vers le milieu du mois, fendant l'air avec une rapidité vertigineuse et produisant avec leurs ailes un sourd bruissement qui se perçoit à de longues distances.

Ces messagers du printemps ne se présentent pas sous des dehors bien séduisants. Leur voix est brève et rauque. Leur plumage, généralement d'un gris terne avec des ondes jaunâtres sur la tête, est couvert sur le dos de taches brunes en lunule. La structure bizarre de leurs pattes courtes et ramassées, aux doigts soudés et criblés de verrues, enlève toute grâce à leur démarche.

Les déserts de la Tartarie servent encore de lieu d'étape à plusieurs espèces d'oiseaux nomades, à des échassiers, grues, cigognes, outardes, et surtout à des palmipèdes gîtant particulièrement dans la zone limitrophe de la grande muraille. A la fin de la mauvaise saison on peut voir, sur les lagunes intermittentes de l'Ala-Chan, évoluer de nombreuses escadrilles de sarcelles et de canards sauvages.

Le youen-yang appartient vraisemblablement à cette dernière catégorie d'oiseaux aquatiques. Il les rappelle en effet par sa conformation générale et en diffère seulement par son bec, qui est rond au lieu d'être aplati. Toute classification à part, le youen-yang est, sans contredit, le plus brillant représentant de l'avifaune désertique. Par une heureuse dérogation à la loi qui a imposé aux animaux de ces pays désolés une couleur pâle et terne, en harmonie avec celle du sol, ce palmipède a été gratifié par la nature d'un plumage aux nuances vives et chatoyantes, roux avec un semis de taches blanches sur la tête, noir à la queue, d'un rouge éclatant sur tout le reste du corps. Le youen-yang n'a pas été moins gâté sous le rapport du ramage : sa voix est exempte de ces notes criardes qui écorchent si désagréablement l'oreille dans nos basses-cours : elle a, dit le P. Huc, quelque chose de mélancolique ; ce n'est pas un chant, mais un soupir clair et prolongé comme la plainte d'un homme en souffrance. Les mœurs des youen-yangs offrent une autre particularité non moins étrange : ils ne vivent que par couples, comprenant mâle et femelle, dont la mutuelle affection est à ce point étroite et passionnée qu'ils ne se quittent jamais. Il semblerait vraiment, à les voir ainsi toujours errer ensemble, ensemble voleter dans les airs ou folâtrer à la surface des eaux, que, par une sorte de métempsycose, l'âme fidèle des Philémon et des Baucis ait transmigré dans le corps de ces enfants du désert. Et, comme pour mieux réaliser la touchante fiction inventée par le poète Ovide, tellement profonde est leur tendresse matrimoniale qu'elle survit même à la mort. Si l'un de ces

inséparables vient à succomber, son compagnon ne tarde
pas à le suivre, consumé par la tristesse et l'ennui.

L'Ordoss nourrit un autre intéressant volatile, gros à
peu près comme une perdrix et que les Chinois appellent
loung-kio, littéralement « pied-de-dragon ». Celui-ci est
franchement laid, et d'ailleurs difficile à classer avec ses
formes hybrides qui rappellent à la fois le reptile et
l'oiseau. Oiseau, il l'est assurément par son plumage d'un
gris cendré piqueté de blanc ; mais ses pattes angulées et
garnies de poils longs et rudes se terminent par des
pieds griffus de lézard, couverts d'écailles d'une dureté à
toute épreuve[1].

Les serpents abondent dans les parties rocheuses du
Gobi : très venimeux pour la plupart, ils sont d'autant
plus à craindre que leur peau bigarrée ne permet pas
toujours de les distinguer des pierrailles multicolores au
milieu desquelles ils se cachent.

§ 4.

Vaste champ d'études ouvert aux physiciens et aux
naturalistes, les déserts de la Mongolie n'offrent pas un
moins vif intérêt sous le rapport de l'histoire et de
l'ethnographie. Ils ont un passé dont le sombre souvenir
ne laisse pas d'émouvoir leurs explorateurs européens.
Ces hautes plaines furent la patrie des Huns. C'est de là,
c'est de ce triste Gobi, d'où les chassaient la faim et la soif
du pillage, que s'élancèrent toutes ces hordes sauvages
dont l'invasion fit rouler des torrents de feu et de sang à
travers les riches campagnes de la Gaule romaine. Plus
tard, au xiii⁰ siècle, l'histoire montre les arrière-petits-
fils des soldats d'Attila, formant sous le nom de Mongols

---

1. Le P. Huc. — V. Meignan.

une grande nation gouvernée par des Khans. Deux de ces derniers sont célèbres par leurs conquêtes en Asie : Temoudgin, dit Gengis-Khan, et Timour-Lang, qui vainquit le sultan Bajazet II à Ancyre, et dont les États démembrés devaient plus tard former dans les Indes l'empire du Grand Mogol.

Véritables descendants des Huns, les Kalmouks ont conservé dans leur conformation générale ce défaut de proportions, dans la physionomie ce cachet de laideur qui distinguait les compagnons du « Fléau de Dieu », au dire des historiens du temps, Jornandès, Procope, Ammien Marcellin, et leur avait fait donner par ce dernier le surnom de « bêtes à deux pieds ». Leur corps trapu, au torse large, à la taille épaisse, s'appuie sur des jambes courtes et tortues. La face, de couleur olivâtre, est aplatie, avec des pommettes saillantes, un nez écrasé, de petits yeux obliques, une grande bouche garnie de lèvres grasses et livides, des oreilles énormes, très écartées de la tête. Leurs cheveux, noirs et plats, sont rudes comme des crins. La barbe se réduit à un soupçon de moustaches. C'est le seul signe extérieur permettant de distinguer ici les hommes des femmes, les deux sexes ayant les mêmes traits et le même costume. Celui-ci se compose du *labchik*, sorte de houppelande croisant sur la poitrine, avec des manches serrées aux poignets, et d'un large pantalon qui s'enfonce dans des bottes à hautes tiges et sans talons. La coiffure consiste en un bonnet carré garni de peau d'agneau.

La vie du désert a développé à l'excès chez les Kalmouks les sens de la vue, de l'ouïe et de l'odorat. A des distances fabuleuses, ces nomades peuvent très facilement distinguer les moindres objets, percevoir le trot d'un cheval, et sentir la fumée d'un campement.

L'habitation des Kalmouks est la *iourte*, sorte de tente circulaire haute d'environ 3 mètres, avec un diamètre de 4 à 7 mètres, et dont le sommet s'arrondit en dôme surbaissé. Deux ouvertures y sont pratiquées : l'une, au pourtour, qui tient lieu de porte d'entrée; l'autre, à la partie supérieure, pour laisser passer la lumière et la fumée. La iourte est construite de façon à pouvoir être aisément transportable : ses parois forment une cage cylindrique dont les barreaux flexibles sont reliés entre eux par des lanières de cuir qui permettent d'agrandir ou de rétrécir à volonté la circonférence, de sorte que cette charpente ressemble beaucoup, toutes proportions gardées, à ce qu'on appelle vulgairement un cache-pot. Quant à la toiture, elle se compose d'une série de perches recourbées, convergeant comme les baleines d'un parapluie vers le sommet de la tente. Le tout est recouvert de plusieurs peaux de mouton ou de chameau, rendues imperméables par le feutrage et solidement amarrées au moyen de cordes et de piquets.

L'intérieur de ces logis ambulants offre un coup d'œil des moins attrayants. C'est un taudis infect, auprès duquel l'humble chaumière en torchis de nos paysans et les plus misérables galetas de nos cités ouvrières pourraient être à bon droit considérés comme des salons. Au centre se trouve le foyer, simple trou creusé en terre où brûle constamment un feu d'*argols*, de fientes desséchées de chameau dont l'âcre fumée remplit la pièce. Le mobilier est digne du cadre. A part une petite armoire carrée, à usage de garde-robe et aussi de reliquaire pour les mille fétiches de la religion bouddique, il ne comporte que des objets de première nécessité. Et dans quel beau désordre ils s'étalent! Les harnais, suspendus au treillis, y coudoient les viandes desséchées; sur le sol gisent, éparpillés un peu partout, les ustensiles de ménage : gobelets et écuelles de bois, chaudrons et marmites de cuir. Au milieu de ce fouillis grouille, pêle-mêle avec de jeunes animaux, toute une marmaille crasseuse et déguenillée. Les peaux huileuses, les feutres mouillés, la vaisselle toujours grasse, les substances animales en décomposition, cet entassement de bêtes et de gens dans un étroit espace, tout cela dégage une odeur nauséabonde qui achève de rendre irrespirable l'atmosphère déjà viciée par la fumée.

Cette ignorance des plus élémentaires notions d'hygiène et de propreté est la caractéristique des Kalmouks : elle se retrouve dans leurs préparations culinaires et leur manière de manger.

Leur nourriture n'est pas très compliquée : elle se compose presque invariablement de bouillie d'orge, détrempée dans du lait de chamelle. Parfois cependant, à l'occasion de quelque heureux événement ou de l'arrivée d'un hôte, ils y ajoutent un quartier de mouton ou de chameau préalablement désossé et cuit, avec des pierres rougies au feu, dans la peau même de l'animal. La friandise, ce produit d'une civilisation raffinée, ce mignon péché qui trouve son excuse et son absolution dans les irrésistibles amorces de la gastronomie, les nomades du Gobi ne la connaissent pas. Leur alimentation frugale ne les empêche pas cependant d'être gourmands et leur gourmandise dégénère plus souvent que de raison en véritable gloutonnerie. Certains consomment jusqu'à dix livres de viande en une seule journée[1], ils mangent avec leurs doigts, et ne se font aucun scrupule de lécher bestialement le fond des assiettes et des plats dont ils viennent de se servir. Ces ustensiles ne sont jamais autrement nettoyés !

1. Prjévalsky.

Leur boisson habituelle est le thé. Ils en abusent, comme les Allemands de la bière. Trente, quarante tasses par jour ne sont rien pour eux.

Le thé des Kalmouks n'est plus cette foliole souple et perlée, chère aux Chinois comme aux Européens, réveillant chez les uns le souvenir troublant des visions entrevues dans la brume opiacée des « tea-gardens », déroulant aux yeux des autres la rose théorie des bonheurs intimes et des joies bénies du home familial, causeries abandonnées au coin du feu, cordiales réunions de parents et d'amis avec les enfants endormis effleurant de leurs boucles blondes la tête blanche des aïeules. Le thé des Kalmouks est une liqueur prosaïque et barbare. C'est le thé en briques. Il se compose des menues branches et des feuilles les plus grossières de l'arbre à thé, préalablement humectées avec du sang de mouton, puis pressées dans des moules d'où elles sortent taillées en une sorte de gâteau lourd et compact comme un pavé de pain d'épice, comme une brique. De là son nom. On le prépare en le faisant bouillir, avec de la graisse et quelques pincées de nitre.

La malpropreté n'est pas le seul défaut des Mongols et particulièrement des Kalmouks. Ils sont aussi paresseux que sales ; les hommes du moins. Leur fainéantise est telle que, pour franchir une distance de cent pas, ils enfourchent leur cheval toujours sellé à la porte de la iourte [1].

Il est bon d'ajouter à leur décharge qu'ils ont la passion du cheval. Ce sont de véritables Centaures dont les prouesses hippiques émerveillent tous les voyageurs [2]. Les chevaux mongols se distinguent par leur petite taille, leurs membres nerveux et leur longue crinière. Leur robe est en général de couleur fauve, avec une raie brune sur le dos ; les crins

1. Prjévalsky.
2. Mme de Bourboulon.

sont d'un noir de jais. Ils rendent d'inappréciables ser-
vices à leurs maîtres dans ces déserts pierreux de la Mongolie : ils ne bronchent jamais et peuvent faire aisément
vingt-cinq lieues par jour sans autre nourriture qu'un
peu de foin et de millet.

Un autre animal domestique, non moins utile aux peuplades du Gobi, c'est le chameau. On sait que les naturalistes reconnaissent deux espèces de chameaux : le chameau à une seule bosse ou dromadaire, qui ne se trouve
qu'en Afrique et en Arabie, et le chameau à deux bosses,
chameau proprement dit, ou chameau de la Bactriane, qui
est spécial à l'Asie centrale et orientale.

Ce dernier diffère à première vue de son congénère
africain par deux protubérances graisseuses placées l'une
au niveau du garrot, l'autre au niveau du sacrum. Ses
formes sont en outre plus trapues, son pelage brun-rous-
sâtre est épais et rude, surtout aux épaules, autour des
bosses et sur la tête. C'est le seul chameau connu des
Mongols, qui l'appellent *tiné*.

Nous n'insisterons pas ici, nous réservant de le faire
plus loin avec tous les développements que le sujet comporte, sur les qualités d'endurance et de sobriété qui donnent au chameau son importance locale. Bornons-nous à
dire que le tiné en particulier peut faire une dizaine de
lieues d'une seule traite avec une charge de sept à huit
cents livres, et rester quinze jours, et même un mois sans
manger.

Les chameaux constituent la principale richesse des Kalmouks; aussi s'en inquiètent-ils plus que de leur propre
famille. Quand deux Kalmouks se rencontrent, ils ne
manquent jamais, après s'être salués du traditionnel
« *mendou se beïna*, bonjour », de s'informer de la santé
de leurs tinés. Cet animal leur procure une infinité de

ressources : vivant, non seulement il porte la iourte, mais encore nourrit la famille de son lait. Sa fiente desséchée constitue un excellent combustible; ses poils servent à fabriquer des étoffes pour les vêtements et les tentes. Mort, il a encore sa valeur : sa chair est saine et agréable, sa peau fournit un cuir épais, propre à la confection des chaussures, des harnais et des vases de cuisine.

Le tempérament du tiné est approprié au rude climat hivernal du Gobi. Loin d'aimer la chaleur, le tiné « fait ses délices de marcher contre le vent du nord, ou de se tenir immobile sur le sommet d'une colline pour être battu par la tempête et en respirer le souffle glacial[1] ».

L'étude des faits biologiques relatifs à la race caméline a soulevé parmi les zoologistes un problème intéressant : le chameau existe-t-il à l'état sauvage? Les opinions sont contradictoires. Au XVIIe siècle, le géographe turc Hadji-Chalfa parle déjà de chasse aux chameaux sauvages dans le nord-ouest de la Mongolie. D'autre part, le naturaliste Schott rapporte, d'après l'historien chinois Mad-Chi, qu'on en trouve à l'est du fleuve Jaune. Humboldt rappelle aussi que les Hioug-Nou de l'Asie orientale sont un des peuples qui ont donné l'exemple d'apprivoiser les chameaux sauvages. Enfin Prjévalsky, confirmant tous ces témoignages par l'observation des faits, déclare avoir vu des chameaux errant en toute liberté dans le sud du Gobi, aux environs du lac Lob-nor.

Toutefois notre immortel Cuvier, sans nier que le chameau puisse, comme le cheval et l'âne, vivre à l'état sauvage, prétend que l'espèce est aujourd'hui disparue. Ceux de ces animaux que l'on rencontre en certains parages de la Mongolie sont, d'après lui, « des chameaux redevenus

---

1. Le P. Huc.

Les troupeaux dans le désert.

sauvages, après avoir été volontairement relâchés par les Kalmouks et autres adhérents de Bouddha, jaloux de se créer des mérites par leurs bonnes œuvres ».

Cette opinion ne manque pas de vraisemblance. Les Mongols sont en effet les fidèles observateurs de cette belle morale bouddhique où se retrouvent, à un degré de perfection plus sublime encore peut-être, ces principes de fraternité universelle, de charité agissante et de renoncement à soi-même qui forment l'essence de la doctrine évangélique. Ce sont les fervents adeptes de ce Cakyà-Mouni dont la tendre sollicitude, comme celle du grand ascète chrétien, « le séraphique » François d'Assise, s'étendait à toutes les créatures sans exception et jusqu'aux plus infimes animalcules.

Cette piété des Kalmouks se traduit, dans la vie sociale, par une extrème bienveillance envers les étrangers. Si chez eux l'hospitalité n'a pas la forme fastueuse que lui donnent les Arabes, du moins emprunte-t-elle à son origine religieuse un caractère de générosité vraiment touchant. Le voyageur égaré, mourant d'inanition dans les solitudes du Gobi, renait à la vie s'il aperçoit au loin la fumée d'un campement kalmouk. Car il sait que, loin d'être repoussé, il recevra le plus cordial accueil. Et de fait, dès que sa présence sera signalée, c'est à qui, parmi ces braves gens, s'empressera autour de lui et réclamera l'honneur de l'héberger. Cette venue d'un étranger sous la tente, loin de leur sembler une charge, leur apparaîtra comme une bénédiction du ciel. Elle leur fournira l'occasion de réjouissances variées. Pour fêter cet hôte d'un jour, ils inventeront de pantagruéliques festins prolongés, autour de l'énorme théière familiale, en d'interminables causeries, et pour le mieux charmer ils dérouleront devant lui les merveilleuses fictions dont leur tête est pleine, ils donneront libre essor à leur muse....

Car ils sont poètes, eux aussi, ces fils errants de la Mongolie. Si les lois de nos prosodies savantes leur sont étrangères, si leur esprit inculte se refuse à concevoir le délice des images enchâssées dans l'or éclatant des rimes, la troublante harmonie des syllabes écloses au souffle cadencé des vers, du moins comprennent-ils admirable- ment et savent-il célébrer en termes pathétiques la sauvage beauté des solitudes qui les entourent. Le désert a peu à peu saturé tout leur être de cette sombre mélancolie, de cette immuable tristesse qui plane sur sa glèbe aride et dure, sur l'étendue sans bornes de ses âpres rochers et de ses mers sablonneuses, et dévié leurs idées vers les brumeuses régions du panthéisme. Pour eux comme pour les *lakists* écossais la nature est vivante : le soleil qui rayonne, le nuage qui passe, le vent qui souffle, la foudre qui gronde, tout a une âme qui parle en secret à leur âme, une voix mystérieuse dont l'écho résonne tristement en leurs chants plaintifs comme les romances envolées du luth ossianique. Naïfs et crédules, ils adorent les récits fabuleux et sinistres, les histoires effrayantes qui glacent le sang dans les veines, ces fantastiques légendes de la « Prairie grise », où s'agitent les ombres éplorées et retentissent les appels déchirants des victimes de Gengis-Khan, ensevelies depuis des siècles dans le linceul mouvant des arènes gobitiques. Mais ce qu'ils préfèrent par-dessus tout, ce sont les poèmes de large envergure, les épopées gigantesques où revit le souvenir des conquérants leurs ancêtres. Et c'est avec une réelle émotion qu'ils écoutent leurs bardes, les Djangartchi, évoquant la splendeur de la race mongole au temps où les chariots hunniques roulaient sur les dalles sonores

des voies romaines et, plus tard, alors que les escadrons
de Tamerlan chargeaient victorieusement les vétérans de
Bajazet sur le champ de bataille d'Ancyre.

§ 5.

Deux routes traversent le désert qui, parties du même
point, de la ville mongole d'Ourga, s'éloignent dans des
directions opposées. La première conduit directement au
Thibet en passant par le Gobi central. C'est la voie que
prennent au printemps, seule saison où elle soit prati-
cable, les pèlerins bouddhistes qui se rendent à leur
capitale religieuse, Lhassa.

La seconde relie à la Chine les possessions russo-asia-
tiques. Elle traverse le Gobi oriental et aboutit à la petite
bourgade de Kalgan. Sa longueur est de 1 067 kilomètres.
C'est une route postale dont l'exploitation est régie par
des conventions internationales : elle est desservie par
des courriers et jalonnée par quarante-sept stations,
toutes situées au voisinage d'un puits. C'est aussi la
grande route du commerce de terre entre l'Europe et
l'extrême Orient, la *route du thé*, ainsi appelée parce
que c'est celle que suivent les caravanes chargées de
transporter à dos de chameau les ballots de thé que les
magasins chinois expédient aux entrepôts russes.

Elle est évidemment peu confortable, mais cependant
accessible aux voitures. Ces véhicules ont une forme des
plus primitives et l'attelage est à l'avenant. Ce n'est pas
le seul désagrément du voyage. L'eau des puits n'est pas
toujours buvable. Son goût saumâtre, parfois même sul-
furé, la rend insupportable aux estomacs délicats. Aussi
les caravaniers ont-ils soin d'en corriger l'amertume à
l'aide de quelques cuillerées de *sam-chouk*, ou eau-de-vie

de sorgho. Mais le mieux est encore de s'approvisionner d'eau pure avant le départ : transportée, suivant l'usage du pays, dans des outres en feutre goudronnées à l'intérieur, elle peut se conserver longtemps sans altération.

La plus grande difficulté du trajet résulte de l'absence de bois de chauffage : on y supplée au moyen d'argols ou fientes desséchées de chameau que les Mongols emportent toujours avec eux dans de grands sacs.

En résumé la traversée du Gobi par la route du thé est plutôt fatigante que dangereuse. Elle est surtout monotone. Ce sont toujours les mêmes tableaux, toujours les mêmes plaines fuyantes dont l'uniformité n'est interrompue que, de loin en loin, par l'apparition de quelque iourte, c'est toujours le même chant plaintif des chameliers, rythmé par le tintement triste des clochettes suspendues au cou des montures. Et cependant le grand désert asiatique n'est pas dépourvu d'attraits, il a sa beauté propre. S'il ignore les magies que la lumière déploie dans les plaines de l'Égypte ou de l'Arabie, il lui reste du moins ses horizons grandioses, ses arcanes mystérieuses où règne un éternel silence, ses nuits claires où rayonne la lueur immaculée des étoiles, où flottent de confuses symphonies et parfois aussi la troublante illusion des mirages lunaires. Et de toutes ces choses se dégage un charme subtil qui pénètre profondément et plonge en une rêverie délicieusement vague, indéfinissable, l'âme du voyageur errant dans les solitudes de la Mongolie.

BIBLIOGRAPHIE.

ATKINSON. *Voyage sur les frontières russo-chinoises* (Tour du Monde), 1863.

BOURBOULON (MME DE). *De Shangaï à Moscou* (Tour du Monde, 1864 et 1865).

GIRARD DE RIALLE. *Les Kalmouks* (Nature, 1883).

HUC (LE PÈRE). *Voyage dans la Tartarie et le Thibet*, 2 vol. in-8, 1856.

HUMBOLDT (ALEX.). *Tableaux de la nature* (tome I).

MEIGNAN (V.). *De Paris à Pékin*. 1 vol. in-8.

PIATTSETSKY. *Voyage à travers la Mongolie* (trad. Kuciuski). 1 vol. in-8.

PRJÉVALSKY. *Mongolie et pays des Tangoutes* (trad. du Laurenst) 1 vol. in-8,

VRANCKX (LE PÈRE). *La Mongolie* (Explorateur, 1875).

CHAPITRE II

LES DÉSERTS DU TOURAN.

§ 1. L'Asie centrale, ses divisions naturelles. Le Pamir]et le Touran. Origine des déserts touraniens; leur constitution géologique. Les déserts d'argile le *takyr*. Les déserts de sable; mobilité des sables; les *barkhanes*. L'Ak-Kum « sables blancs » et le steppe de la Faim; le Kizil-Kum « sables rouges » et la « Mort de l'homme »; le Kara-Kum « sables noirs » : les *schors*. — § 2. Climatologie : le « pays du vent ». L'hiver au Touran; les bouranes. L'été au Touran : le *garmsal* ou *tebbad*. Anomalies de la température.— § 3. Caractères généraux de la flore désertique du Touran : le *saxaoul*. Faune : les koûlânes; les phalangides. — § 4. Ethnographie : divisions de la race turkmène; *Tchomours* et *Tcharvas*. — Caractères physiologiques des Tcharvas. Costume, occupations, animaux domestiques. Nourriture : le pot-au-feu touranien, le koumyss. L'alcoolisme et le narcotisme au Touran. — Vie intellectuelle et morale des Tcharvas : religion, superstitions. Poésie et musique : le *barchi*. Vie publique : organisation sociale: la tribu, l'*aoul*, la *kibitka*. Principales tribus. L'*alamane*. Les Russes en Asie Centrale. Le chemin de fer transcaspien. Le Grand Central asiatique

> Au désert la vie a soif et se traîne,
> Implorant l'eau, l'ombre, un peu de sommeil.
> Et rien ne dit mieux la misère humaine
> Que tant de néant sous tant de soleil.
>
> (JEAN AICARD. *Au bord du désert.*)

§ 1.

L'Asie centrale se divise en deux régions naturelles bien distinctes : au sud et au sud-est, est un pays montueux, où se retrouvent toutes les merveilles de la nature alpestre, où des pyramides rocheuses s'élancent vers le ciel, couronnées d'un éternel diadème de neiges, où les torrents dévalent bruyamment au sein des gorges profondes, où dorment les lacs bleus enchâssés comme d'énormes saphirs dans la rude monture des granits. C'est la région du Pamir, de ce Pamir si bien nommé « le Toit du monde, *Bam i duniah* » et dont les hautes vallées ont abrité les premiers hommes, ces Aryas d'où procèdent toutes les races indo-européennes.

La seconde région de l'Asie centrale, au nord du Pamir, est le pays des steppes sablonneux, des déserts argileux et salifères semés de lacs innombrables et creusés de fondrières où stagne une eau saumâtre. C'est la dépression aralo-caspienne. C'est la contrée connue dès le moyen âge sous le nom de Tartarie indépendante, et appelée aujourd'hui Turkestan ou Turkménie. C'est le « *Touran*, pays de Toûr », vrai nom scientifique du Turkestan, celui sous lequel le désignent les antiques légendes de l'Inde et de la Perse, d'accord en cela avec les plus rigoureuses données de l'ethnographie contemporaine.

Le Touran forme le bassin moyen et inférieur de deux grands fleuves : le Syr-Daria et l'Amou-Daria, qui se jettent l'un et l'autre dans la mer d'Aral. Le premier, connu des Gréco-Latins sous le nom d'Yaxarte, prend sa source dans le glacier de Pétrow, à l'extrémité méridionale de la chaîne de Thian-Chan ou monts Célestes. L'Amou, l'ancien Oxus, naît dans le Pamir, traînant parallèlement au Syr-Daria ses eaux lourdes, chargées de sables arrachés aux granits des montagnes natales et d'où lui vient sa couleur grise caractéristique[1].

D'autres rivières, le Tchou, le Mourghab, le Tedjend, jadis affluents de l'Oxus, de l'Yaxorte ou de la mer Caspienne, arrosent le Touran. Mais en dehors des montagnes

---

1. G. Capus. *Le Bassin de l'Amou-Daria* (Revue scientifique du 21 juillet 1883).

elles ne gardent que peu d'eau, et elles viennent mourir en plein désert, au milieu des lagunes.

Les déserts du Touran n'ont pas joué dans le grand drame de l'histoire universelle un rôle moins considérable que les plateaux du Pamir. C'est là qu'aux premiers âges de l'humanité la race aryenne se heurta contre son ennemie, la race ouralo-altaïque ou touranienne descendüe des hautes vallées du Thian-Chan[1]. C'est là que furent livrés ces combats formidables immortalisés par le génie religieux du Moïse iranien, Zoroastre, dans le *Zend-Avesta*, et par le génie poétique de Firdousi, cet autre Homère, dans la magnifique épopée du *Shâh-Nameh* ou Livre des Rois. C'est là que Cyrus et ses fils combattirent les Scythes et qu'Alexandre le Grand acheva de briser la puissance de Darius. A cette époque la Turkménie, si triste aujourd'hui, formait trois provinces réputées les plus richès de l'empire des Perses : la Margiane, patrie des Parthes au trait perfide ; la Sogdiane, un des quatre paradis de l'Orient ; la Bactriane, berceau des Mèdes. Le sol de ces contrées, maintenant si nu, si désolé, était alors couvert de riches cultures entretenues par une multitude de canaux dérivés de l'Oxus et de l'Yanarte. D'innombrables populations se pressaient en ces déserts. Une foule de villes s'y élevaient, dont les ruines à demi enfouies sous les sables attestent la prospérité, ou dont le nom rappelle encore le souvenir des grands princes leurs fondateurs, de tous ces conquérants dont les exploits remplissent l'histoire ancienne. Alors florissaient Bactres (Balkh), Marginia (Merv), Alexandreschata (Khodjent), Maracanda (Samarkand). Plus tard, dans les premiers siècles de l'ère chrétienne, le Turkestan devint le quartier général des migrations hunniques, le lieu de

1. De Ujfalvy. *Expédition scientifique au Turkestan.*

concentration de ces armées de bartares accourues du fond
du Gobi pour se ruer sur l'Occident. Plus tard encore les
Turcs, avant de s'abattre sur l'Europe, traversèrent ces
mêmes solitudes touraniennes d'où ils furent chassés à
leur tour par les Mongols de Gengis-Khan et de Timour-
Lang.

Tout porte à croire que le Touran n'a pas dit son dernier mot dans ce perpétuel conflit des races humaines, et
que, pénétré par le Russe au nord et à l'ouest, menacé par
l'Anglais au midi, il est appelé à devenir « le pays où l'on
se battra », la lice où se résoudra définitivement entre les
armées du Tsar et celles du Royaume-Uni cette terrible
question d'Orient qui menace depuis si longtemps l'équilibre européen.

Mais, quelles que soient ses destinées futures, il est un
fait dès aujourd'hui certain, c'est que jamais il ne retrou-
vera son ancienne splendeur. Il est voué à la décadence, et
le désert ne cessera plus d'étendre son immense tache
d'huile sur ces plaines jadis si peuplées et si prospères.
Le mal est incurable. Les hommes n'y sont d'ailleurs pour
rien. Le Touran est inhabité parce qu'il est devenu inhabitable, et si ses populations l'ont abandonné, c'est que la
nature a cessé de lui sourire.

L'assèchement général du climat et par suite la dessic-
cation graduelle, continue du sol pendant la période géologique actuelle, telle est la cause première de ce dépéris-
sement. On en rencontre partout les signes manifestes. De
grandes mers intérieures, comme la mer d'Aral, ont diminué
d'étendue. Des centaines et des milliers de lacs ont même
complètement disparu, laissant voir leurs fonds d'argile
ou de sable et leurs dépôts salins. De nombreuses rivières
se sont également taries : on peut reconnaître les sinuosités de leur ancien lit vaguement esquissé par quelques

broussailles et découvrir sous l'amoncellement des sables le magnifique réseau de ces canaux qui versaient jadis, comme autant d'artères, l'onde fertilisante de l'Amou dans les campagnes touraniennes. De nos jours il est facile de suivre les progrès, très rapides parfois, de ce desséchement, de surprendre, pour ainsi dire, le désert en flagrant délit de formation. C'est ainsi que l'Arski-Koul, lac de 320 000 kilomètres carrés de superficie, où les vaisseaux russes mouillaient en 1860, était totalement vidé en 1873, à telles enseignes que les troupes du général Lomakine purent le traverser à pied sec[1]. Tout récemment encore, un explorateur russe, M. Nicolsky, a calculé que le niveau du lac Balkhack s'abaissait de 1 mètre en quatorze ou quinze ans, et il évalue à 1 500 000 000 de mètres cubes la quantité d'eau qui s'évapore ainsi chaque année sur toute la surface de l'Asie centrale[2].

Les déserts de la Mongolie sont des déserts de pierre, ceux du Touran sont principalement formés d'argile, d'une argile particulière, rouge ou noire, qu'on désigne sous le nom de *takyr*. En hiver la surface du takyr, détrempée par les pluies, fait du désert un océan de boue : en été elle devient unie et brillante comme un miroir, dure comme le rocher; et bientôt fendillée en tous sens par la chaleur, elle prend vers la mi-juin l'aspect de la poterie craquelée[3].

Le takyr ne se montre pas toujours aussi nu : un épais tapis de sable le recouvre sur de vastes espaces. Ces sables s'amoncellent parfois en dunes hautes de 8 à 10 mètres et dont la vue à quelque distance produit l'impression

1. Venukoff. *Revue de Géographie*, 1886.
2. *Comptes rendus de l'Académie des Sciences*, 1886
3. Bonvalot. *Du Kohistan à la Caspienne*.

d'une mer houleuse aux flots grisâtres[1]. On les appelle des *barkhanes*.

Leurs éléments, parmi lesquels le quartz figure dans la proportion de 70 pour 100, ont des origines diverses. Ils proviennent en partie de l'érosion, par les eaux du Syr et de l'Amou, des grès du tertiaire inférieur et notamment des falaises qui encaissent le cours moyen de ces deux fleuves, en partie de la désagrégation des formations tertiaires supérieures sous l'influence du climat, des pluies torrentielles, des alternatives d'extrême chaleur et d'extrême froid qui caractérisent l'atmosphère locale[2].

Si l'on s'approche de ces collines sablonneuses, on voit que chacune d'elles se recourbe en forme de fer à cheval. Cette disposition particulière est due à l'action des vents et elle est ainsi expliquée par Élisée Reclus : « Les grains de sable auxquels le vent fait remonter dans toute sa hauteur la partie centrale de la dune ont à faire une ascension considérable et résistent à la force soulevante beaucoup plus longtemps que les molécules des deux extrémités latérales. Ils gagnent en conséquence avec moins de vitesse sur la lède voisine; les pointes extrêmes dépassant en rapidité le reste de la dune se replient en guise de cornes avancées et donnent à l'ensemble de la colline mouvante l'aspect d'un volcan dont le cratère se serait effondré[3]. »

Cette mobilité des barkhanes en fait non seulement un des plus grands dangers qui menacent le voyageur engagé dans les déserts aralo-caspiens, mais une véritable plaie pour le Turkestan tout entier et l'une des principales causes de la décadence de cette partie de l'Asie centrale.

---

1. Benoist-Méchin.
2. G. Capus. *Les Sables mouvants de la Turcomanie.*
3. *Bulletin de la Société de Géographie*, 1860.

Grâce à son extrême finesse, le sable coule, découle, difflue ainsi que de l'huile. Glissant sur la surface unie du takyr comme sur un parquet ciré, il s'avance avec une sûreté désespérante, gagnant continuellement du terrain et ensevelissant tout. Nombreux sont les villages dont les habitants ont dû fuir devant cette invasion des barkhanes : ainsi Géok-Tépé, cette fameuse redoute qu'assiégea Skobeleff en 1880, est aujourd'hui à moitié recouverte par les sables du désert; de même, le village d'Anderchân, qui, menacé en 1883 par les barkhanes, avait dû être transféré à 2 kilomètres plus loin, n'offre plus à cette heure que des ruines ensablées au milieu desquelles on voit se dresser comme des épaves les cimes de quelques saules.

A ce mal il n'y a qu'un remède : la végétation. C'est ainsi qu'en France un célèbre ingénieur du siècle dernier, Brémontier, parvint à fixer les dunes de Gascogne. Il les boisa. Il y multiplia une espèce de roseau, le gourbet, dont les touffes très résistantes, très flexibles, diminuent la force des vents et dont en même temps les innombrables radicelles, plongeant profondément dans le sol meuble, le consolident et permettent ainsi aux arbres d'y prendre pied. La commission nommée par le gouvernement russe pour la fixation des barkhanes s'est inspirée des magnifiques résultats obtenus sur nos côtes landaises : elle a recommandé l'emploi de certaines plantes, telles que l'*alhagi camelorum* et l'*halimodendron argenteum*, qui jouissent des mêmes propriétés consolidantes que le gourbet. Malheureusement cette excellente prescription est difficilement applicable : l'inclémence de la température dans l'ancienne Méditerranée turcomane ne laisse prospérer qu'un très petit nombre de végétaux, et ceux qui résistent au climat sont, en l'absence de tout combustible minéral, utilisés pour le chauffage des habita-

tions ou des chaudières à vapeur, très répandues aujour
d'hui.

Les sables touraniens présentent d'un lieu à l'autre
des différences de coloration que rappellent les dénominations attribuées, en turc vulgaire, aux districts plus ou
moins considérables et plus ou moins bien limités qu'ils
occupent. On distingue ainsi les déserts d'*Ak-Kum*, c'est-
à-dire « sables blancs », entre le Tchou et le Syr moyen ;
le *Kizil-Kum* « sables rouges » entre le Syr et l'Amou, et
les deux déserts de *Kara-Kum* « sables noirs », dont l'un
s'étend au nord-est de la mer d'Aral, et l'autre au sud de
l'Amou et de Khiva, où il forme le « désert de Kharezm »,
appelé encore « désert khivien ».

L'Ak-Kum n'a pas été suffisamment exploré pour qu'il
nous soit possible d'en parler avec détail. Disons seulement que ce pâle désert est une des solitudes les plus
inhospitalières qui soient au monde : sa partie septentrionale est surtout très redoutée des caravaniers qui lui
ont donné le nom caractéristique de *Golodny step* ou *Bed-
pak-dala*, « pays de la faim ».

Le Kizil-Kum, mieux connu, ne jouit pas d'une meilleure réputation. Ces immenses plaines de sable roux ne
le cèdent pas en aridité aux horribles déserts de l'Ala-Chan
mongol. Certains cantons ont une renommée plus particulièrement sinistre qu'exprime bien leur appellation :
tel l'*Adam-krylgân*, littéralement « Mort de l'homme ».
« Qu'on se figure, dit Vambéry, un océan de sables s'étendant à perte de vue, façonné d'un côté par le souffle
furieux des ouragans en hautes collines semblables à des
vagues, de l'autre, en revanche, représentant assez bien le
niveau d'un lac paisible à peine ridé par la brise. Dans
l'air pas un oiseau, sur la terre pas un animal vivant, pas
même un ver, pas même un grillon. Nuls vestiges autres

que ceux dont la mort a semé ces vastes espaces : des monceaux d'os blanchis que chaque passant recueille pour servir à la marche des voyageurs qui lui succéderont. »

Le Kara-Kum ne justifie qu'à moitié sa dénomination : le sable n'y règne pas exclusivement comme dans l'Ak-Kum et le Kizil-Kum ; mais le takyr y laisse voir sur des étendues considérables sa surface grise et nue semblable à quelque immense place asphaltée[1]. Elle est coupée çà et là de *schors*, sortes de fossés dont le fond est tantôt recouvert d'une couche d'eau salée, épaisse d'environ 50 centimètres, tantôt garni de sable humide sur lequel on trouve toute l'année de l'eau potable, mais à des profondeurs énormes, 40 mètres quelquefois. Ces excavations constituent autant de puits naturels qui, dans le premier des deux cas précités, portent le nom d'*ourpas*, dans le second celui de *koudouks*[2]. Elles se succèdent souvent pendant plusieurs lieux, formant une série de bassins étanches que séparent des seuils aréneux et présentant alors le tableau d'un lit fluvial partiellement desséché[3]. La vallée de l'Ouzboï, dans le désert khivien, n'est qu'une ligne de schors, considérée par certains voyageurs comme l'ancien thalweg de l'Oxus.

Rien de plus morne, de plus lugubre d'ailleurs que les solitudes du Kara-Kum. L'inexprimable tristesse qui se dégage de ces amoncellements sableux, de ces fonds d'argile déroulant à l'infini leur aire noirâtre et comme voilée d'un crêpe, s'infiltre peu à peu jusqu'aux profondeurs les plus secrètes de l'être. Des images funèbres,

---

1. Stuart. *Exploration*, 1875.
2. Moser.
3. Général Annenkoff. *Conférences de la Société de Géographie de Saint-Pétersbourg*, 1889.

des visions terrifiantes ne cessent de hanter le cerveau des Européens qui contemplent pour la première fois ces paysages endeuillés.

De fait le Kara-Kum a été le théâtre de bien des catastrophes, le tombeau de bien des caravanes. Certaines parties du désert khivien ne sont qu'un immense charnier : tel est l'espace compris entre Orta-Koudouk et le puits de Bala-Ichem. « Nulle part, dit M. Moser, je n'ai vu autant d'ossements blanchis au soleil et de carcasses de chameaux. » Nous pouvons ajouter : témoignages irrécusables du désastre que les fatigues, mais plus encore la chaleur et la soif, firent éprouver, en 1873, aux bataillons du général Markozoff.

§ 2.

Terrible est en effet le climat touranien. Situées entre les déserts gelés du pôle et les déserts brûlants du plateau iranien, les basses plaines de l'Asie centrale sont l'arène où se jouent les vents qui soufflent de ces régions opposées. Ils se suivent presque sans interruption d'un bout de l'année à l'autre, fouettant avec rage les argiles et les sables, et sifflant comme une armée de serpents dans les roseaux des marécages. Le Touran mérite bien son surnom de *Badchys*, « pays du vent ».

L'hiver est la saison des *bouranes*, véritables trombes de neige qui font toujours un nombre incalculable de victimes. En 1827, une bourane enleva plus de cent mille chevaux et chameaux. Un froid glacial, souvent mortel, sévit pendant sept mois de l'année. Lorsque, marchant contre la Chine, l'armée de Tamerlan franchit le Kizil-Kum, elle y fut cruellement éprouvée. Des milliers d'hommes moururent gelés, après quelles atroces souffrances ! « Les uns perdaient le nez et les oreilles, les autres voyaient tomber leurs pieds et leurs mains[1] ». En traversant le même désert, au mois de décembre 1840, pour se rendre au siège de Khiva, les troupes russes durent subir pendant trois semaines consécutives une température de — 24 à — 35 degrés Réaumur. On n'a jamais su le nombre des malheureux qui succombèrent à ce froid exaspérant[2].

« L'été n'a rien à envier à l'hiver : la bourane y est remplacée par le *garmsal* ou *tebbad* « vent de fièvre », appelé encore *kara-yel* « vent noir », parce que les nuages de fine poussière argileuse qu'il soulève sur son passage obscurcissent complètement l'atmosphère, quelquefois pendant plusieurs jours de suite. La violence du garmsal n'est d'ailleurs pas moindre que celle de la bourane. On ne peut y résister qu'en se jetant à plat ventre et en se couvrant complètement la tête[4].

La chaleur de l'air est suffocante : elle s'élève souvent jusqu'à 46 degrés à l'ombre. Celle du sable est encore plus ardente : à un pied de profondeur elle peut atteindre 48 degrés. Dans le Bed-pak-dala, le sol est tellement échauffé que, même après le coucher du soleil, les voyageurs éprouvent une sensation de brûlure à la plante des pieds, et leurs chiens ne peuvent se reposer qu'en creusant la terre pour y trouver une couche plus froide.

Combien d'exemples nous pourrions citer de ces anomalies climatériques ! Ces mêmes troupes russes que le froid décima si cruellement en 1840 dans le Kizil-Kum

1. Schereffedyn. *Histoire de Timour-bey* (VI, 19).
2. Tchihatchef.
3. Ujfalvy. *Expédition scientifique française au Turkestan.*
4. G. Capus. *Lettre adressée de Samarcand le 6 septembre* 1886 *à la* Société de Géographie de Paris.

avaient dû, l'été précédent, supporter au même endroit une chaleur minima de 57 degrés à l'ombre. En 1873, l'armée de Markozoff dans le Kara-Kum, et celle du général Kaufmann dans l'Adam-Krylgàn, ne furent pas plus heureuses que leurs devancières : les insolations et l'assaut des sables enlevèrent à chacune la moitié de son effectif.

La flore des déserts touraniens est telle qu'on peut s'y attendre après la description que nous venons de donner de leur sol et de leur atmosphère : elle est nulle ou à peu près. Loin des rivières, toute verdure, toute végétation disparaît [1]. On ne rencontre plus que de maigres buissons, des broussailles ternes et chétives, quelques arbustes rabougris dressant çà et là sur l'immense étendue des sables leur squelette déchiqueté par les tempêtes, ou certaines espèces de plantes, absinthes, armoises et bruyères, trop basses pour que le vent puisse avoir prise sur elles.

« Il est curieux de voir, observe Élisée Reclus, comment toutes ces plantes s'accommodent aux conditions du sol et du climat. Pour résister aux vents elles acquièrent un tronc plus élastique, présentent une surface moins considérable, se privent de feuillage ; pour diminuer l'évaporation elles prennent une véritable carapace au lieu d'épiderme et leur sève se mélange de substance saline, elles se couvrent de poils et d'épines et distillent des huiles éthérées qui contribuent ainsi à réduire l'évaporation. » Mais, si bien outillées qu'elles soient pour la lutte, l'eau leur est tellement indispensable qu'elles ne poussent guère que dans les endroits humides, généralement dans les bas-fonds. Ainsi, pour n'en citer qu'un exemple, le saxaoul se trouve presque toujours dans le voisinage d'une source. Cette particularité est bien connue des nomades, qui

---

1. Vereshaghine.

Le *tebbad* ou ouragan de sable

campent de préférence dans les endroits où ils découvrent quelques pieds de cette plante.

Le saxaoul (*Haloxylon ammodendron*) est l'arbrisseau par excellence des déserts du Touran, dont ses bosquets relèvent çà et là l'uniformité désolée. Haut d'environ dix pieds, il se distingue par son tronc noueux, ses branches absolument glabres et armées de piquants. Il possède une particularité remarquable, une association de propriétés qui sembleraient devoir s'exclure mutuellement : son bois est si tendre et ses racines tiennent si peu au sol qu'on peut le jeter bas d'un coup de pied et qu'il casse comme du verre, mais ses fibres sont si dures que le tranchant de la hache la mieux trempée ne pourrait y mordre. Ce bois brûle comme de l'huile et dégage une chaleur considérable. D'un autre côté, la forte densité de son grain lui permet de charbonner très longtemps sous la cendre, si bien que souvent, en hiver, le voyageur qui s'est endormi le soir au coin de son feu retrouve au matin sous la neige la braise aussi ardente que la veille. Grâce à ses qualités calorifiques, le saxaoul est le combustible préféré des habitants du Turkestan : il s'en fait dans tout le pays une consommation d'autant plus considérable que la fragilité et le peu de consistance de ses racines ne permettent guère de l'utiliser pour le boisement des barkhanes.

Cette pauvreté de la végétation explique la rareté des animaux qu'on rencontre dans les déserts touraniens. Comme le Gobi, ils ne sont accessibles qu'à de grandes espèces d'allure rapide, telles que l'antilope ou l'âne sauvage. L'antilope est ici représentée par deux variétés : l'antilope *kara-kouiouk*, qui n'est peut-être que la karasoulta des Mongols, et l'antilope *saïgak*. D'une taille un peu inférieure à celle du bélier, l'antilope saïgak se reconnaît surtout à ses cornes blanches et annelées, gra cieusement recourbées en forme de lyre. Son mufle présente une curieuse disposition anatomique : il est percé et ferré de larges et profondes narines tapissées, à l'intérieur, d'une membrane élastique qui peut se dilater ou se comprimer au gré de l'animal.

Quelques hardes de gazelles se cachent encore dans les remises formées au milieu des dunes par les buissons de saxaoul et dans les districts couverts d'absinthe, notamment dans le Kaflankir, au nord du désert khivien. Des ânes sauvages ou *koulanes* parcourent aussi ces régions. On ne les voit qu'en troupes nombreuses, de deux cents à trois cents têtes ordinairement. Très hauts sur jambes, ces Aliborons du désert sont remarquables par les zébrures qui sillonnent leur dos et leurs membres postérieurs, ainsi que par leur queue épaisse et longue comme celle des chevaux[1].

Ces gros animaux sont inoffensifs. Mais si l'on se porte à l'autre extrémité de l'échelle zoologique, on trouvera, parmi les hôtes des déserts transcaspiens, des êtres malfaisants, d'infimes bestioles dont la rencontre est souvent fort dangereuse pour les voyageurs. Les sables du Kizil-Kum, et en particulier du Bed-pak-dala, sont infestés de *phalangides*, énormes araignées dont la piqûre très douloureuse est quelquefois mortelle pour l'homme et les animaux. L'espèce la plus redoutable est la *kara-koure* : les caravaniers en ont une telle peur qu'ils n'osent jamais s'arrêter dans les endroits fréquentés par ces hideuses bêtes[2].

---

1. Vambéry. — Mme de Ujfalvy-Bourdon. *De Paris à Samarkand.*
2. Moser.—Bonvalot. *Du Kohistan à la Caspienne.*—M. de Ujfalvy. *Expédition scientifique française au Turkestan.*

Ânes sauvages.

§ 3.

Les habitants du Turkestan sont les Turcomans ou Turkmènes. Ils se divisent, d'après le général Kaufmann, en *Tchomours* (sédentaires) et *Tcharvas* (nomades).

Les premiers habitent les villes et se livrent à l'industrie et à la culture. Mais c'est bien à leur corps défendant; car ils éprouvent en général une invincible répugnance pour le travail. La seule vie qu'ils comprennent et qu'ils aiment, c'est la vie pastorale, la vie errante au sein des grandes plaines de leur pays. Ils souffrent de la nostalgie héréditaire du plein ciel, des vastes horizons et de cette liberté sans frein qu'on trouve seulement au désert. Aussi avec quel empressement ils s'y jettent dès qu'ils ont pu amasser le petit pécule nécessaire à l'achat d'un cheval et de quelques têtes de bétail ! Avec quelle joie ils réalisent ce rêve de toute leur vie : redevenir Tcharvas !

Les Tcharvas, en effet, voilà les vrais Turkmènes, descendants directs des anciens Touraniens, dont ils ont conservé, malgré leur contact prolongé pendant des siècles avec les Turcs et les Mongols, les principaux caractères physiologiques et psychiques. Ce sont eux les vagabonds infatigables qui, semblables à l'Ashavérus des légendes du moyen âge, marchent sans trêve ni merci, fidèles au vieux proverbe de leurs pères : « On clouerait plutôt chaque grain de sable du désert que de fixer un Turkmène. »

Ils forment une des plus belles races de l'Asie. Ce sont des hommes à la taille élevée, à la tournure martiale, doués avec cela d'une incroyable force musculaire que décèlent leurs formes athlétiques. Comme les Kalmouks,

ils ont la figure ronde, les pommettes saillantes, le nez
petit et retroussé, l'œil bridé, pour ainsi dire sans pau-
pières, mais ils s'en distinguent par le développement du
front, la blancheur mate de la peau, l'éclat de leur
noire pupille, l'expression fière et provocante de leur
regard. Leur physionomie n'est cependant pas sans
défauts : le plus frappant est l'écartement exagéré
des oreilles, la partie supérieure du pavillon formant
angle droit avec le crâne. M. Moser, après avoir com-
paré les oreilles du Turkoman à celles de la chauve-
souris, affirme que certains de ces organes « battent
littéralement la mesure pendant la marche ». Ajoutons
que cette difformité est voulue ; elle résulte d'une
opération pratiquée chez les tout jeunes enfants et
ayant pour objet, non comme la compression du pied
chez les Chinois, de distinguer les personnes de qualité,
mais, prétendent les Turkmènes, de rendre l'ouïe plus
subtile.

Le costume des Turcomans consiste en une chemise
rouge, sans col, fendue sur le côté droit et tombant
jusqu'aux genoux, et un large pantalon qui s'enfonce
dans de grosses bottes dont l'extrémité se relève en
pointe comme les souliers à la poulaine. Par-dessus la
chemise ils mettent une robe ouverte sur la poitrine,
serrée à la taille par une ceinture de laine et munie
de manches très amples. Enfin, en hiver, ils ajoutent
à ces vêtements une sorte de manteau brun à raies
noires, appelé *khalat* ou *tchapane*. Quant à leur coiffure,
c'est le *tchouguermah*, espèce de tolbak noir en peau de
mouton.

Si les femmes ne sont pas des beautés accomplies, elles
ne manquent cependant pas de charme, grâce à leur
taille imposante, aux molles inflexions de leur buste, à

leurs grands yeux noirs fendus en amande, à leur peau
d'une blancheur liliale qu'avive encore une épaisse et
ténébreuse chevelure.

Leur habillement diffère peu de celui des hommes,
sauf pour la coiffure. Elles portent une toque ronde autour
de laquelle s'enroule un voile de mousseline appelé bou-
roundjouk. Le trait caractéristique de la toilette féminine
chez les Turkmènes est l'abondance des bijoux : jeunes
ou vieilles, laides ou jolies, riches ou pauvres, toutes les
femmes en sont couvertes : bracelets, bagues, boucles
d'oreilles, colliers, chaînettes, épingles, rien n'y manque.
Ces objets sont en argent et la plupart admirablement
ouvragés; quelques-uns sont garnis de pierres fines, notamment de cornalines. L'amour de la joaillerie est tellement vif chez certaines de ces filles d'Ève qu'elles vont
jusqu'à se ceindre la taille d'une véritable cuirasse de
monnaies et de plaques d'argent. D'autres ajoutent de
petits grelots aux tresses de leur chevelure. Aussi, lorsqu'elles circulent plusieurs ensemble dans l'aoul ou cau-
sent entre elles avec animation, le cliquetis des bijoux et
le joyeux tintement des sonnailles, rythmant chaque pas,
chaque mouvement, produit-il le plus étrange effet. On
croirait entendre le bruit lointain d'une de ces caravanes
tintinnabulantes de mulets qui chevauchent à travers les
sierras andalouses.

Cette coquetterie des Turcomanes leur est bien pardon-
nable, car elle est leur seule joie. Leur condition sociale
est en effet des plus misérables, leur existence est toute
de peine et de labeurs. Depuis leur naissance jusqu'à leur
mort elles restent sous la dépendance de l'homme, qui les
couvre de bijoux et les traite avec égards, mais les condamne
aux plus rudes besognes. Non seulement elles ont à s'occuper des soins ordinaires du ménage, et de ceux du

bétail, mais la confection de leurs robes et des vêtements
de la famille, la préparation des peaux, le tissage, le fou-
lage et la teinture des feutres leur sont entièrement
dévolus.

Elles s'acquittent d'ailleurs admirablement de leurs
multiples fonctions, grâce à l'ingéniosité de leur esprit
unie à une incroyable dextérité de main. Elles excellent
notamment dans la fabrication des tapis : beaucoup
de ces moelleuses carpettes, de ces lourdes portières
aux vives rayures, aux mosaïques étranges, aux mille
nuances invraisemblables, que nos commerçants im-
portent à grands frais d'Orient, sont l'œuvre des femmes
Turkmènes, des pauvres nomades du désert. Mais où se
révèle surtout leur talent, c'est dans la confection des
bouroundjouks ; la plupart de ces voiles sont des merveilles de broderie qui, par la finesse du tissu et la variété des dessins, feraient l'envie de plus d'une élégante
Parisienne.

Cependant que ces industrieuses abeilles accomplissent
leur travail, que fait leur seigneur et maître ? Rien...
ou peu de chose. C'est à peine s'il daigne s'occuper
de ses animaux domestiques : moutons, chameaux et
chevaux, les seuls dont la nature du climat lui permette
l'élevage.

Le chameau des Turkmènes appartient à l'espèce dite
« de la Bactriane » que nous avons déjà décrite. Dans l'espèce
même on distingue deux catégories d'animaux : le *nar* et
l'*irkey*. Le nar, ou kizil nar, chameau rouge, ainsi appelé
à cause de son pelage couleur de feu, est remarquable par
l'élévation de sa taille ; l'irkey est brun et beaucoup plus
petit que son congénère. L'un et l'autre ont d'ailleurs toutes les qualités de la race ; ils sont très sobres et très durs
à la fatigue. En outre, ils possèdent un instinct étonnant qui

leur fait annoncer par un grognement significatif l'approche des étrangers pendant la nuit. Ce sont les meilleurs factionnaires que l'on puisse trouver pour les campements dans le désert[1].

Mais quelle que soit l'utilité du chameau, les Turkmènes lui préfèrent de beaucoup le cheval. L'équitation n'a pas de secrets pour eux et ils sont, en l'espèce, les dignes rivaux des Kalmouks. Ils passent la moitié de leur vie juchés sur leur selle comme sur un trône du haut duquel ils semblent défier l'univers entier, et, suivant un proverbe local, « ne connaissent plus ni père ni mère ». Les chevaux turcomans se divisent en deux familles : la première est celle des *yorghas* ou chevaux de trait, dont le bidet yomoude peut être regardé comme le type ; la seconde, la vraie race du désert, la race de pur sang, est celle des *tekkés*, dont les branches les plus estimées sont les koroglis et les akhals. Elle est d'origine arabe, d'où le nom de « *devi*, bédouins », donné parfois aux pur-sang dans ce pays. Les chevaux tekkés ont la tête fine, le cou long et mince, sans crinière, le poitrail étroit, la croupe déprimée comme celle des mulets. Ce qui les caractérise principalement, ce sont leurs jambes hautes et grêles, de vraies jambes de sauterelle faites pour franchir d'un bond les larges ravines du désert et dévorer l'espace sous leurs puissantes foulées. Très maigres, n'ayant pour la plupart que les os, les muscles et la peau sans un atome de graisse, ils portent dans tout leur extérieur, dans l'allongement exagéré de tout leur corps, la marque du parfait coureur.

Cette apparence n'est pas trompeuse. Comme les « racehorses » d'Outre-Manche, les devi touraniens sont en réalité

1, Moser.

les levriers de la race chevaline. Il en possèdent non seulement la sveltesse de formes, mais encore le fond, la rapidité d'allure et cette puissance de souffle qui leur permet de fournir des courses d'une durée invraisemblable sur le sable mouvant du désert, de courir trente heures de suite sans quitter le galop, et de franchir en quatre jours quatre cent cinquante kilomètres.

Leur sobriété n'est pas moins étonnante que leur endurance. Une poignée d'orge ou de paille hachée avec de la farine, voilà souvent, même en route, toute leur nourriture de la journée.

Tout en exigeant beaucoup de leur cheval, les Turcomans ne le surmènent jamais, ils ne le battent jamais. Au contraire ils sont remplis pour lui de soins attentifs. Ils l'aiment réellement, le préférant à leur femme et à leurs enfants; perdus dans le désert ils partagent avec lui leurs dernières provisions et leurs dernières gouttes d'eau.

La gourmandise est la fille aînée de l'oisiveté : il n'est donc pas étonnant que les paresseux Turcomans aiment les plaisirs de la table. Leur nourriture est variée et substantielle. Leur mets préféré, et nous pourrions dire leur plat national, est le *pilau*, « le délicieux pilau, dit M. Moser, dont on mangerait toujours sans se lasser », mélange de riz, de carottes, de raisins secs, additionné d'huile de sésame et relevé de quelques grains de piment.

La viande occupe une large place dans leur alimentation. Ils mangent les rôtis de poulain et de jeune chameau. Ils aiment beaucoup aussi la chair du mouton, mais ils sont particulièrement friands de sa peau. Ils la mettent à sécher pendant plusieurs jours; puis, lorsqu'elle est au point voulu, c'est-à-dire qu'elle a pris une odeur faisandée et que le poil s'en détache facilement, ils la découpent en tranches qu'ils font griller à feu nu.

Ils ont enfin le *chouroué*. Ce n'est, à vrai dire, autre chose que notre « pot-au-feu », ce triomphe de la vieille cuisine bourgeoise. Mais quel abîme sépare ces deux produits culinaires! Qu'il y a loin de ce potage succulent dont l'arome plane sur nos tables de famille, dont la saveur grasse délecte les palais blasés et réveille les appétits les plus rebelles, à l'innommable mixture dont les Turcomans font leur régal des jours de fête! Ajoutons qu'en voyage ils remplacent ces aliments par des conserves de leur invention : par du *stchi*, sorte de choucroute mélangée de débris de viande et qui se garde un temps infini[1], par des *katlamaks*, galettes préparées avec une pâte imbibée de graisse de mouton.

La boisson ordinaire des Turkmènes est, comme chez les Kalmouks, le thé en briques bouilli dans l'eau. On le sert dans d'énormes théières appelées « kounganes », qui peuvent contenir de trois à quatre litres. Ils font aussi un fréquent usage d'*aïrane*, lait caillé de brebis, et de *koumyss*, ou lait de jument fermenté, liquide légèrement bleuâtre, acide comme le jus du citron, mousseux et pétillant comme du vin de Champagne.

Le koumyss forme la base de plusieurs liqueurs très enivrantes, obtenues, soit par distillation comme l'*arak*, soit par un mélange avec du lait de chamelle, comme le *saoumol*. Les Turkmènes en font une consommation considérable, et l'alcoolisme s'étale chez eux dans toute son horreur.

Une autre de leurs plaies sociales est l'abus des narcotiques et spécialement de la nicotine. Les nomades toura-

1. Burnaby.

niens sont les plus grands fumeurs de tabac de l'Asie. Le *tchilim*, énorme pipe tenant à la fois du narghileh persan et du houka indien, quitte rarement leurs lèvres. Leur manière de fumer diffère sensiblement de celle usitée en Occident. Chez nous le fumeur, le vrai fumeur, opère méthodiquement. C'est avec une sorte de gravité, de lenteur voluptueuse, qu'il aspire la vapeur et savoure le parfum capiteux de « l'herbe à la reine ». Les habitants de l'Asie centrale ignorent ces raffinements : ne cherchant qu'à s'étourdir, qu'à s'enivrer, ils tirent vivement et avec effort trois ou quatre énormes bouffées en prolongeant la dernière aspiration aussi longtemps que leurs poumons le permettent. L'action toxique se manifeste immédiatement, le visage du fumeur pâlit, son regard se voile et sa tête retombe comme subitement alourdie[1]. Le tchilim joue dans les relations sociales des Turkmènes le même rôle que le calumet chez les tribus indiennes du Far-West américain : c'est un symbole de paix et d'amitié, c'est la consécration de l'hospitalité accordée à l'étranger et l'accompagnement obligé de la collation qui lui est offerte à son arrivée.

Les Turkmènes font aussi une grande consommation de haschisch, ce narcotique favori des Arabes qu'on appelle ici *esrar* ou *nâcha*. Ils le fument, soit seul, comme l'opium des Chinois, soit mêlé au tabac dans le tchilim[2].

La paresse et la gourmandise ne sont pas les seuls défauts que l'on puisse reprocher aux Turkmènes. Leur ignorance est extrême, à ce point qu'ils ne connaissent pas la mesure du temps; ils comptent par quarts de journée et divisent celle-ci en deux moitiés, l'une du lever au coucher du soleil, l'autre de son coucher à son lever. Ils sub-

1. De Blockeville.
2. G. Capus. *Les narcotiques dans l'Asie centrale.*

divisent ces quarts en lances, disant, par exemple : « Le soleil est à une, deux ou trois lances au-dessus de l'horizon [1]. »
L'usage de la boussole, cet instrument indispensable à
quiconque s'aventure sur l'océan des sables, leur est également inconnu. En route ils règlent leur marche pendant
le jour sur le soleil, la nuit sur l'étoile polaire qu'ils appellent *temir-kazik* « cheville de fer », à cause de son im-
mobilité. C'est donc à juste titre que le Minockired, cette
bible du Mazdéisme, a fait de la Turkménie le pays d'Ahri-
man, prince des ténèbres.

Cependant l'intelligence des Tcharvas est en général très
vive. Leur imagination, développée par la contemplation
journalière des profondes et mystérieuses solitudes, aime
à se perdre dans les régions du Rêve, à chevaucher dans
le domaine fleuri de la Poésie. Ils ont leurs rapsodes atti-
trés, leurs poètes ambulants qui vont, comme les aèdes de
l'antique Hellade, comme nos anciens ménestrels, de village en village, d'aoul en aoul, la besace légère, mais la
tête pleine de chants où le merveilleux le dispute au terrible. Tantôt ils improvisent des ballades sur quelque
légende locale, comme celle de la belle princesse Shahse-
nem ou du château de Kohzanivir, élevé puis détruit par le
caprice du Diable au milieu du Kizil-Kum. Tantôt ils se
plaisent à redire les joies de la vie nomade et de cette
liberté si chère à tous les enfants du désert; parfois, s'en-
flammant peu à peu sous le souffle de l'inspiration, leur
muse devient belliqueuse, et leur voix tonnante jette aux
échos de la plaine immense quelque hymne de guerre
empruntée à Mackmamduli, ce poète national de la
Turkménie, dont aux jours de bataille, avant de fondre
sur l'ennemi, les cavaliers tcharvas entonnent les

1. Moser.

strophes ardentes comme le bardit des anciens Germains.

Ces chants sont généralement soutenus par le jeu de divers instruments : le *tournaï*, qui n'est autre que le hautbois primitif, le *tir* ou tambourin, le *gouidjik* ou guitare et la *doutara*, espèce de mandoline à long manche. Jouer de la doutara est un métier au Turkestan, le plus honoré et le plus lucratif de tous les métiers. Le *barchi*, ou musicien de profession, est l'homme à la mode, considéré et traité comme un grand personnage dans toutes les tribus où il daigne se rendre après s'être fait bien prier. Le seul amour de l'art ne saurait suffire pour expliquer un pareil engouement : ces virtuoses de la doutara doivent surtout leur prestige au puissant dérivatif que leurs concerts apportent à la vie si monotone de la tente.

La religion des Turkmènes est l'islamisme. Ils appartiennent à la secte des Sunnites qui, on le sait, reconnaît non seulement le Koran, mais encore la Sunna, la loi orale, où Abou-Bekr, vicaire et successeur de Mahomet, a consigné les faits et gestes de son maître, tandis que la secte des Schiites, c'est-à-dire des apostats, repousse la Sunna et considère Ali, gendre du Prophète, comme le seul et véritable dépositaire de la pure doctrine musulmane.

Chez les esprits simples, la religion dégénère ordinairement en superstition. Tel est le cas pour les Turkmènes. Ils poussent la crédulité jusqu'à porter en guise de scapulaire un morceau de cuir triangulaire sur lequel sont gravées des prières du Koran destinées, comme les cornes symboliques des Napolitains, à combattre la *jettatura*, le « mauvais œil » ; les enfants, les bestiaux, les tentes même sont couverts de ces amulettes. Viennent-ils à tomber malades, ils s'empressent de faire venir le *tébib*,

Tente turcomane.

espèce d'empirique, de sorcier, dont toute la thérapeutique se réduit à des applications répétées de versets extraits de la Sunna.

Au point de vue politique et social les Turkmènes se divisent en tribus (*kalkhs*). Chaque tribu se fractionne à son tour en hordes (*taïffé*), les taïffé en branches (*tiré*), et enfin les tirés en familles portant le nom de leur fondateur.

Les tribus turcomanes ont leur quartier général sur le bord des fleuves ou la lisière des déserts. Chacune de leurs ramifications occupe un territoire déterminé qui lui appartient en propre. Leurs campements, appelés *aouls*, comprennent un nombre plus ou moins considérable de tentes contenant chacune une famille[1].

Disons, en passant, que cette tente, désignée sous le nom de *kibitka*, offre la plus grande analogie avec la iourte mongole. Comme cette dernière, c'est une construction circulaire formée d'nn treillis mobile, recouvert en hiver de peaux de mouton ou de chameau, en été, de nattes mobiles qui tamisent la poussière et la chaleur. Quant à l'intérieur de la kibitka, il présente le même fouillis pittoresque et aussi la même insalubrité que l'habitation des Kalmouks.

La plus considérable de toutes les tribus turcomanes est celle des *Tekkés*. Elle est répandue dans cette large bande de cultures, appelée les Atek, qui s'étend au sud du Kara-Kum occidental, dans les vallées du Tedjent et du haut Mourghab, enfin dans toutes ces petites oasis égrenées comme un chapelet d'émeraudes entre la Caspienne et la frontière afghane, notamment dans celles d'Akhal et de Merv. Les Tekkés de Merv se subdivisent en deux groupes;

1. Fred. von Helwad. *Die Russien in Central Asien*. — Michel de Galkine.

les *Otamishes* sur la rive gauche du Mourghab, et les *Tota-mishes* sur la rive droite. Leur population est évaluée à 200 000 âmes [1].

Après les Tekkés viennent les *Salors*, la plus ancienne de toutes les tribus turkmènes; leurs aouls sont disséminés parmi ceux des Tekkés. Citons encore les *Saryks*, qui campent sur les bords du Tedjent; les *Etsarys*, qui nomadisent sur la rive gauche de l'Oxus, en amont de la petite ville de Tchardjoui; enfin les *Yomoudes* et les Goklâns, qui bordent la frontière occidentale du désert de Kharezm.

Toutes ces tribus vivent isolément, formant autant de petites républiques autonomes. Pas de chefs. Pas l'ombre de gouvernement. La belle devise, la fière trilogie qui rayonne au fronton de nos monuments publics et en tête de nos constitutions démocratiques trouve chez ces barbares son application journalière. Ils ne reconnaissent d'autre loi que le *deb*, la coutume, d'autre autorité que celle des « barbes blanches » de leurs aouls, des aksakals, sortes de juges de paix dont l'avis suffit pour trancher les différends entre particuliers. L'intervention de ces magistrats improvisés est d'ailleurs rarement nécessaire; car les Turkmènes sont en général francs, loyaux, très probes [1], entre eux du moins, car vis-à-vis des étrangers ils ne se sont pas toujours montrés tels.

Il n'y a pas longtemps encore, les déserts touraniens étaient la terre classique du brigandage. Chaque aoul était un nid de pirates, qui considéraient comme œuvres pies le rapt et le vol à main armée. De Merv notamment sortaient, presque chaque jour, des bandes d'écumeurs qui dévalisaient les caravanes. Mais ces bandits préféraient par

---

1. Benoist Méchin.
2. De Blockeville.

Tekkés de l'oasis de Merv.

dessus tout *l'alamane*, la grande expédition de pillage au delà des monts. Parfois ils poussaient leurs *raids* jusqu'au cœur de la Perse ou des possessions russes riveraines de la mer Caspienne. Ces mêmes Turcomans qui, en temps de paix, affichaient la plus farouche indépendance, se donnaient dans l'alamane un chef de guerre, le *serdar*, quelque vieux routier renommé par sa bravoure, surtout par une connaissance approfondie du désert, et auquel ils obéissaient aveuglément. Le mode d'attaque des « alamantchiks » était invariable. Ils n'opéraient que de nuit ou au lever du soleil. Ils s'élançaient au galop, le sabre haut, en poussant des cris sauvages et paralysant par leur soudaine irruption toute velléité de résistance. Le village pillé, on le livrait aux flammes. Quant aux habitants, après les avoir dépouillés de leurs bijoux — et telle est l'origine de toute cette joaillerie dont nous avons vu les femmes turkmènes faire un si pompeux étalage — les alamantchiks les emmenaient sans distinction d'âge ni de sexe, ils les chassaient devant eux dans le désert comme un vil bétail, et les vendaient comme esclaves sur quelque marché de l'Asie centrale[1]. C'était l'âge d'airain pour tous les peuples voisins de la Turkménie, mais c'était l'âge d'or pour les Tcharvas. L'inspiration ne faisait jamais défaut aux barchis pour célébrer les exploits des corsaires touraniens, pour chanter l'alamane avec l'ivresse de ses carnages, les *kafirs* fuyant de tous côtés comme un troupeau dispersé par l'orage, les cris affolés des belles captives brusquement jetées en travers de la selle et les rentrées triomphales dans l'aoul aux mille acclamations des femmes.

Aujourd'hui tout cela est fini. Maintenant l'olivier de la paix pousse ses fleurs sur ce sol dont les rouges arènes et

---

1. Stewart. — Von Helwad.

les sombres argiles semblent porter le deuil et suinter le sang des victimes qu'elles ont dévorées. Les Russes sont venus, brisant les chaînes des captifs, purgeant le désert des malfaiteurs qui l'infestaient, ramenant partout l'ordre et la sécurité. Commencée en 1840, leur conquête ne s'est terminée qu'en 1883 par la prise de Géok-Tépé et la reddition de Merv.

Le chemin de fer qui relie la mer Caspienne à Samarkand en a été le digne couronnement. C'est le tant regretté général Skobeleff qui conçut l'idée de ce chemin de fer, au début de la campagne contre les Tekkés de Merv. C'est au général du génie Annenkof que revient l'honneur d'avoir dirigé et mené à bonne fin cette entreprise colossale, d'avoir poursuivi, jusqu'à la vieille capitale des Khans, ce conte des « Mille et une nuits » bien autrement saisissant que ceux dont la sultane Schéhérazade y berçait son cher seigneur. Il faut lire dans l'intéressant récit que M. Edg. Boulangier a fait de son voyage à Merv[1], lors de l'inauguration de cette voie ferrée, les diverses péripéties de la nouvelle victoire remportée par l'homme sur la nature, par la science sur le désert.

Les Russes ne paraissent pas devoir s'arrêter en si beau chemin : le transcaspien n'est pour eux que le prélude du « grand-central asiatique » dont un ukase du Tsar a prescrit le tracé en 1887 et qui, d'après les plans de MM. Victor de Lesseps et Charles Cotard et des colonels russes Bogdanovich et Sosnovski, doit passer par la Sibérie pour aller d'une part, enfoncer ses heurtoirs dans la Grande Muraille, d'autre part, relier le réseau russe au réseau indien.

---

1. Edg. Boulangier. *Voyage à Merv*, 1888, 1 vol. in-18 (Hachette édit.).

BIBLIOGRAPHIE.

Abbott (James). *Narrative of a journey from Herat to Khiva*, 1843, 2 vol. in-8.

Ali Suavi. *Description de l'Asie centrale*, Paris 1873, in-18.

Annenkoff. *L'oasis d'Akhal-Tekké* (Nouvelle Revue, 1881).

Annenkoff. *La colonisation en Asie centrale* (Comptes rendus de la Société de Géographie de Saint-Pétersbourg, 1889.

Atkinson. *Recollections of Tartar steppes* (London 1863, in-8).

Barrande. *L'Amou et l'Ouzboï* (Bulletin de la Société de Géographie de Paris, 1879).

Baktchourine. *Le Turkestan* (1872).

Blerzy. *Les conquêtes de la Russie en Asie centrale* (Revue de Deux Mondes, 1874).

Blockeville (H. de). *Notice sur les nomades du Turkestan* (Bulletin de la Société de Géographie de Paris, 1865.

Blockeville (H. de). *Quatorze mois de captivité chez les Turcomans* (Tour du Monde, 1866).

Bonvalot. *De Moscou en Bactriane*, 1 vol. in-18 (1884).

Bonvalot. *Du Kohistan à la Caspienne*, 1 vol. in-18 (1884).

Boulangier (Edg.). *Voyage à Merv*, 1 vol. in-18 (1888).

Boulangier (Edg.). *Le chemin de fer transcaspien* (Revue du Génie militaire, 1887).

Boutakoff. *The delta and mouths of Amou-Daria* (Journal de la Société de Géographie de Londres, t. 57).

Burnaby. *Une visite à Khiva*, 1 vol. in-18, 1885.

Burnes (Al.). *Travels into Bokhara* (London, 5 vol. in-8°, 1834, trad. Eyriès).

Capus (Guill.). *Le Bassin de l'Amou-Daria* (Revue scientifique, juillet 1883).

Capus (Guill.). *Les Narcotiques dans l'Asie centrale* (Revue scientifique, juillet, 1883).

Capus (Guill.). *Les Sables mouvants de la Turcomanie* (Nature, avril 1884).

Capus (Guill.). *Indications sur le climat et la végétation du Turkestan*, 1 vol. in-8, 1884.

Cholet (Baron de). *Excursion dans le Turkestan*, 1 vol. in-18 (1888).

Constantinovitch (G. Nic.). *Nouvelle exploration projetée pour le chemin de fer de l'Asie centrale* (Soc. Géog., 1879).

Cotard (Ch.). *Le Chemin de fer central asiatique*, 1 vol. in-8, 1876

Delaire. *Notes sur le Khiva* (Exploration 1876).

Douhaire. *Les Tartares* (Correspondant, 1854).

Fedchenko. *Khokand et les Contrées avoisinantes* (Bull. Soc. Géog. de Paris, 1874).

Fedchenko. *Voyage au Turkestan* (Saint-Pétersbourg, 1874).

Galkine (Michel de). *Notice sur les Turcomans* (Bull. Soc. Géog. de Paris, 1864).

Girard de Rialle. *Mémoire sur l'Asie centrale* (Paris, 1 vol. in-18, 1874).

Gloukhowsky. *Captivité en Boukharie* (Bull. Soc. Géog. de Paris).

Gobineau (Comte de). *Les Religions en Asie centrale*, 1 vol. in-18 (1866).

Grodekof. *Journey from Takhent to Persia*, 1 vol. in-8°, 1880.

Helwald (von). *Central Asien* (1 vol. in-8°, Leipzig, 1875).

Humboldt (Alex. de). *Recherches sur la climatologie comparée de l'Asie centrale*, 1843, 3 vol. in-8°.

Karazine. *Le pays où l'on se battra* (tr. Teste), 1 vol. in-12, 1879.

Khanikoff (de). *Mémoire sur la partie méridionale de l'Asie centrale* (Paris, 1861, 1 vol. in-4°).

Khanikoff (de). *Bokhara*, 1 vol. in-8°, London, 1845.

Khanikoff (de). *Samarkand* (Bull. Soc. Géog. de Paris, 1873).

Khanikoff (de). *Khiva* (Bull. Soc. Géog., de Paris, 1869).

Kostenko. *Khiva* (Bull. Soc. Géog. de Paris, 1874).

Lamansky. *Esquisse géographique du bassin de la mer d'Aral* (Bulletin Soc. Géog. de Paris, 1858).

Lessar. *Notes sur la Transcaspienne* (Société russe de Géographie, 1874).

Lessar. *Explorations dans la Turkménie* (Comptes rendus de la Soc. de Géog. de Paris, 1882).

Lessar. *Les Turcomans* (Gazette géographique, 1885).

Mailly Châlon (Comte de). *Voyage à travers le Turkestan* (Bull. Soc. Géog. de Paris, 1885).

Méchin (Baron Benoist). *Voyage à travers le Turkestan* (Bull. Soc. Géog. de Paris, 1885).

Méjow. *Recueil du Turkestan.*

Meyendorf. *Voyage d'Orenbourg à Bokhara*, 1 vol. in-8°, Paris, 1826.

Milne (J.). *Journey across Asia* (London, 1879).

Moser (H.). *A travers l'Asie centrale*, 1 vol. in-8°, 1885.

Mouravief. *Voyage en Turcomanie*, 1 vol. in-8°, 1823.

Ney (Edg.). *De Tiflis à Samarkand*, 1 vol. in-8°, 1888.

Pachino. *Le Turkestan russe*, 1 vol. in-4°, 1868.

Paquier. *Le Pamir*, 1 vol. in-8°, 1876.

Paquier. *Le Pamir* (Bull. Soc. Géog. de Paris, 1877).

Paskoff (Lydia). *En Asie centrale* (Revue scientifique, 1885).

Petroussevitch. *Le Steppe turkoman* (Soc. russe de Géog., 1878).

Potagos. *Dix années de voyages en Asie centrale*, 1 vol. in-8°, Paris, 1885.

Prioux. *Les Russes dans l'Asie centrale*, 1 vol. in-8°, Paris, 1866.

Rawlinson. *The road to Merv*, 1 vol. in-8°.

Rocca (DE). *Les Possessions russes dans l'Asie centrale* (Revue britannique, juin 1877).

Rodet (LÉON). *Le Touran et les Touraniens*, 1 vol. in-16.

Sachot (O.). *Les annexions russes en Asie* (Revue britannique, 1867).

Schuyler (E.). *Turkestan* (Notes of journey), 2 vol. in-8° 1876, London.

Schlagintweit (von). *Les Habitants du Turkestan* (Revue britannique, 1877).

Sédillot. *Les Voies de communication de l'Asie centrale* (Bull. Soc. Géog. de Paris, 1866).

Severzof. *Voyages dans le Turkestan* (1 vol. in-8°, 1873, Saint-Pétersbourg).

Stebnitzki. *Les Steppes des Turcomans* (Bull. Soc. Géog. de Paris, 1871-72).

Stewart (Colonel). *The country of the Tekke Turkoman* (Proceed. of Royal Geog. Soc., 1881).

Stewart (Colonel). *Les Turcomans* (Exploration, 1882).

Stuart. *Le Transcaspien* (Exploration, 1875).

Suavi-Effendi. *Le Khiva en 1373*, 1 vol. in-8°, Paris 1874.

Thonnelier. *Dictionnaire géographique de l'Asie centrale*, 1 vol. in-4°, 1873, Paris.

Ujfalvy-Bourdon (Mme de). *De Paris à Samarkand*, 1 vol. in-4°, 1881.

Ujfalvy de Mezö-Kövesd (C.-G. de). *Expéditions scientifiques au Turkestan*, Paris, 5 vol. in-4°, 1885.

Ujfalvy de Mezö-Kövesd (C.-G. de). *Les Émigrations des Touraniens*, 1 vol. in-8°, 1873, Paris.

Ujfalvy de Mezö-Kövesd (C.-G. de). *Le Turkestan* (Revue de Géographie, 1878).

Ujfalvy de Mezö-Kövesd (C.-G. de). *L'influence du milieu sur les populations de l'Asie centrale* (Bull. Soc. anthropologie, 1887).

Ujfalvy de Mezö-Kövesd (C.-G. de). *Mélanges altaïques*, 1 vol. in-8°.

Vambéry (Arm.). *Voyage d'un faux derviche dans l'Asie centrale*, 1 vol. in-8°.

Vénukoff. *Le Pamir* (St-Pétersbourg, 1861).

Vénukoff. *Khiva.*

Vénukoff. *État actuel de la Turkménie* (Bull. de la Soc. de Géog. de Paris, 1880.

Vénukoff. *La Turkménie* (Revue de Géographie, 1881-82-84-85)

Veresliaghine. *D'Orenbourg à Samarkand* (Tour du Monde, 1873).

Warren (de). *Bokhara et Samarkand* (Correspondant, 1845).

Weill (Maurice). *L'expédition de Khiva* (Paris, 1874).

Weill (Maurice). *La Turkménie et les Turkmènes*, 1 vol. in-8°, 1880, Paris.

Wolff (Jos.). *Narrative of a mission to Bokhara* (London, in-8°).

CHAPITRE III

LES DÉSERTS DE L'IRAN.

1. Le plateau iranien, sa configuration, son étendue, son aspect général.
— § 2. Origine des déserts persans : les *dechts*. Les déserts d'argile et
de sel ; le *Decht-I-Kevir* : situation, superficie, constitution géologique :
la mer de Khaver. Les déserts de sable. Phénomènes acoustiques : les
sables chanteurs. Le Reig Rawan. Le *Decht-I-Lout* ; son aridité. Sa traversée : la terrasse des derviches, le plateau du blé rôti, le pavillon des
timbaliers. — § 3. Climatologie: phénomènes thermiques : l'*homma y
gach*. L'hiver au désert. Phénomènes météorologiques : les brouillards
secs. Le *samyel*. — § 4. Pauvreté de la flore et de la faune iraniennes.
— §. 5. Principales tribus nomades : organisation sociale, mœurs; les
Iliah, les Louri, les Bacthyari.

..... Misera terra, alla tua sete
Son dall' avara luna almen concesse
Sue rugiadose stille.....

(Le Tasse. *Jérusalem délivrée*, 57.)

§ 1.

Loin d'être confuse, la masse formidable de plateaux et
de montagnes qui, groupés autour du Pamir, constituent
le relief du continent asiatique, présente, avons-nous déjà
dit, une remarquable ordonnance dans sa structure. Ce
qui frappe surtout, c'est la disposition symétrique des deux
plateaux, très différents d'ailleurs en étendue et en élévation, qui se dressent de chaque côté du « Bam-I-Duniah » :
à l'est, le Thibet, haut d'environ 2000 mètres, à l'ouest,
l'Iran, dont l'altitude varie entre 100 et 1000 mètres.

Ce mot d'Iran que la science moderne, se basant sur les
traditions locales, oppose à celui de Touran, et qui est

aujourd'hui la dénomination nationale et officielle de la
Perse, remonte à la plus haute antiquité; sous sa forme
initiale, il désigne le territoire où, si l'on en croit le Ven-
didad, cette Genèse du Mazdéisme, les Aryanas vinrent
s'établir après leur sortie des hautes vallées altaïques et
où Zoroastre leur donna sa loi.

L'immense plateau auquel ce nom s'applique affecte
des formes géométriques remarquables : c'est un trapèze
dont les côtés nord et sud sont d'un parallélisme presque
parfait. Sa superficie, bien qu'inférieure à celle du Thibet,
n'en est pas moins considérable; on l'évalue à 275 millions d'hectares dont 150 à 175 millions appartiennent à
la Perse, qui occupe la partie occidentale et centrale; le
reste dépend du Baloutchistan.

Il est entouré par un amphithéâtre de hautes montagnes
dont les sommités dépassent 6 000 mètres. Le fond de ce
cirque rocheux n'est qu'une solitude, la plus triste, la plus
affreuse peut-être de toutes celles qui constituent la zone
désertique. Il faut aller loin, bien loin, pour retrouver les
pays bleus évoqués par les ghazels d'Hafiz, ces régions
idéales qui se déroulent dans les vers de Firdousi avec l'enchantement de leurs paysages d'églogue, ces frais jardins
de Schiraz chantés par Sàdi, où dans le fond des char-
milles traîne, mêlé au murmure des fontaines, le langoureux appel des ramiers, où par les belles nuits d'été les
plaintes voluptueuses du rossignol s'envolent dans l'air
embaumé du parfum des roses. Ici c'est le désert, le vrai
désert, avec son sol nu et brûlé par le soleil, avec sa
netteté d'horizon, avec son ciel implacablement sec, avec
l'infini de ses nappes d'argile noire, avec l'éclat pénible
de ses lagunes saumâtres et de ses efflorescences nitreu-
ses, avec le poudroiement de ses arènes mouvantes, ta-
chées çà et là par quelque oasis.

Pour se faire une idée vraie de ces contrées les plus peuplées il faut, dit Mac Gregor, s'imaginer un petit cercle vert autour de chaque village indiqué sur la carte et recouvrir tout le reste d'une teinte brune. C'est que l'eau, sans laquelle aucune végétation n'est possible, se montre ici extrêmement rare, c'est que pas une seule des rivières qui prennent leur source dans l'intérieur du plateau ne se fait jour jusqu'à la mer; à peine nées, elles sont bues par le soleil, et les quelques filets liquides qui sillonnent leur lit vont se perdre dans les marécages [1].

Il n'en était pas ainsi autrefois. Le voyageur qui parcourt ces régions arides reconnaît à des signes manifestes qu'elles étaient recouvertes par de grands lacs reliés entre eux par des fleuves ou peut-être même, comme le pense Élisée Reclus, par les flots d'une Méditerranée. « Les espaces déserts, dit l'illustre géographe, enfermés de tous côtés par des montagnes, furent certainement une mer intérieure à l'époque où fumaient les volcans qui se dressent au nord de la plaine. Les strates réguliers observés par de Filippi prouvent que le travail de comblement s'est fait à une époque relativement récente..... Ce sont les décombres de l'enceinte qui ont fini par combler en entier la Méditerranée persane [2] ».

Les déserts persans portent dans la langue du pays le nom de *dechts*, mot synonyme de solitude. Ils forment, au point de vue géologique, deux groupes distincts : ils sont argileux dans le nord, sablonneux dans le sud. Leur trait commun est l'énorme quantité de sel dont leur sol est imprégné, et qui s'amasse dans les fonds en lits d'une épaisseur et d'une étendue parfois considérables. Ces bassins ont reçu une dénomination spéciale : on les appelle

1. Blanford.
2. É. Reclus. *Asie orientale.*

des *kevirs*. Ils constituent un des principaux caractères du plateau iranien, et un voyageur français, Chardin, en parlait déjà au siècle dernier : « Le sel de cuisine, dit-il, est tellement abondant dans toute la Perse qu'il est charrié par les eaux de pluie dans les bas-fonds ; ce qui fait que, partout où les eaux séjournent, l'hiver, le terrain devient salé ; tous les grands amas d'eau le deviennent de même au bout de quelques années. Les étangs qu'on a formés en divers endroits deviendraient également salés si le besoin d'eau pour l'ensemencement des terres ne les faisait vider chaque année[1]. »

Cette salure est surtout remarquable dans le désert argileux qui occupe la partie septentrionale de la cavité iranienne et auquel on a donné pour cette raison le nom de *Decht-I-Kevir*, littéralement « le grand désert salé », ou par abréviation, le *Kevir* ou *Khaver*.

Il commence à quelques lieues à peine de Téhéran et s'étend à 700 kilomètres vers l'est jusqu'aux fontières de l'Inde et aux montagnes de la Paropamise. C'est ce désert qu'ont traversé M. et Mme Jane Dieulafoy et le comte de Gobineau. Un autre de nos compatriotes, le docteur Ernest Cloquet, médecin du Shah, qui l'avait franchi quelques années auparavant pour se rendre en pèlerinage à la ville sainte de Koum, nous en a fait connaître la nature géologique. « Le sol, d'un jaune fauve, dit-il, est formé d'argile et de sable et offre l'aspect exact du limon qui occupe le fond d'un lac desséché ; le sol est partout imprégné de sel mélangé de nitre, qui cristallise à sa surface, soit en plaques irrégulières, soit en aiguilles soyeuses qui ressemblent de loin à de la neige récemment tombée[1] ».

D'autres hommes de science se montrent plus affirma-

1. Chardin. *Voyage en Perse.*
1. *Comptes rendus de l'Académie de médecine.*

tifs quant à l'origine du Decht-I-Kevir. D'après MM. Marius
Fontane et le comte de Gobineau[1], ce désert serait effectivement le fond d'un lac évaporé, le délaissé d'une ancienne
Méditerranée, la mer de Khaver, que les traditions reli-
gieuses locales représentent comme ayant miraculeuse-
ment disparu la nuit même de la naissance de Mahomet.

Quoi qu'il en soit, le Decht-I-Kouvir n'est plus aujour-
d'hui qu'une plaine semblable, en beaucoup d'endroits, au
désert khivien, marécageuse en hiver et creusée de fondrières qui la rendent inaccessible aux caravanes, couverte en été, hors de ses nappes sablonneuses, d'une boue
raboteuse que sillonnent çà et là des coulées de sable
noir provenant de la désagrégation du sous-sol argileux.

Le *Decht-I-Lout*, ou désert de Kerman, réalise le type parfait des saharas sablonneux du sud. Le fond est toujours
argileux, mais il disparaît presque partout sous un épais
tapis de sable gris à gros grains, cimenté par une solution saline et revêtu lui-même d'un léger pulvérin.

Cette lugubre solitude, cette « terre maudite », comme
l'appellent les aborigènes, n'a pas d'égale en aridité sur
toute la surface du continent asiatique. Auprès d'elle,
l'Akkum et le Taklamakan lui-même pourraient passer
pour des terres fertiles. Sa physionomie est bien en accord
avec l'ingratitude du sol. Contemplé de loin, le Lout produit l'effet d'une nappe de métal incandescent dont l'éclat
s'avive encore sous le rayonnement du ciel. De près,
l'impression est tout aussi pénible quoique différente. « On
sent, écrit M. de Khanikoff, qu'on se trouve ici dans une
contrée du globe frappée d'une stérilité éternelle. On
assiste, pour ainsi dire, au commencement de l'agonie de
notre planète. » La partie la plus redoutée des voyageurs

____

1. Comte de Gobineau. *Trois ans en Asie.*

est celle qui avoisine le Séistan. Elle a reçu le nom de *Decht-I-Naoumed* « plaine du Désespoir », nom que justifient et son aspect terrifiant et les catastrophes fréquentes dont elle a été le théâtre.

Comme tous les déserts sablonneux, le Lout est sillonné de nombreuses chaines de dunes. Ces amoncellements n'offrent pas, au point de vue géologique, d'autres particularités que celles que nous avons déjà signalées en décrivant les barkhanes du Touran. Cependant ils sont l'occasion de certains phénomènes acoustiques qu'il nous parait utile de signaler : les sables produisent souvent, en se déplaçant, des sons mélodieux qu'on entend jusqu'à 2 kilomètres de distance : c'est ce qu'on appelle « la musique des sables ». Un roc isolé, le Reig Rawan, qui se dresse à l'est du Decht-I-Naoumed, jouit du même intéressant privilège. Les nomades, race très superstitieuse, y voient une intervention prodigieuse de la Divinité, mais la cause de ces sons est bien plus simple : ils proviennent du heurt des molécules cristallines les unes contre les autres quand elles viennent à rouler en masse du haut en bas des dunes.

La traversée du Lout demande trois ou quatre jours ; elle comporte six ou sept étapes. Les trois principales sont : Telli-Kalendar, Ghendourn-Birien et Nagoréh-Khanéh. Telli-Kalendar, « la terrasse des derviches », rappelle un triste événement, la mort de trente derviches qui, s'illusionnant sur la distance des montagnes bordières de la plaine, s'aventurèrent dans le désert à pied et sans aucun approvisionnement. Tous moururent de soif avant d'atteindre le but. Ghendourn-Birien, « le plateau du blé rôti », a aussi sa légende : des brigands avaient dévalisé à cet endroit une caravane chargée de sacs de blé. Les moyens leur faisant défaut pour emporter leur butin, ils répandirent le blé sur le sol, se proposant de venir le reprendre plus tard. Mais, quand ils amenèrent leurs chameaux, ils virent que tout le blé était rôti, calciné par le soleil, partant bon à jeter.

Enfin la station de Nagoréh-Khanéh, « le pavillon des timbaliers », doit son nom à la bizarre disposition architecturale d'un groupe de rochers qui l'entourent et qui reproduit assez bien l'aspect d'un palais oriental avec terrasses, coupoles et mosquées [1].

§ 2.

Ainsi que le fait remarquer M. Marius Fontane, il est impossible de définir dans une synthèse unifiée le climat persan, tellement les variations de la température défient les règles ordinaires de l'appréciation. Presque partout, à quelques heures de distance, de profondes modifications s'accusent dans l'état de l'atmosphère. Un seul fait subsiste qui a vivement frappé tous les voyageurs : la siccité de cette atmosphère. On évalue à 25 centimètres à peine l'épaisseur de la couche d'eau des pluies qui tombent annuellement sur le plateau d'Iran, et il a été reconnu que l'humidité relative de l'air n'était que de 11,2 pour 100. En aucun lieu du monde le psychromètre n'a indiqué un pareil degré de sécheresse.

Celle-ci est telle que presque toutes les gouttes de pluie s'évaporent avant de toucher terre, et c'est à peine si deux ou trois d'entre elles viennent à tomber comme pour prouver qu'on n'est pas le jouet d'une illusion. Quant à la cause de cette pauvreté hygrométrique du climat iranien, elle est la même que pour le Touran, c'est l'origine franchement continentale des vents qui parcourent ces plaines sans

1. De Khanikoff.

limites : le vent du nord-est, dit « vent des cent vingt
jours », si terrible que sur son passage aucun arbre ne
peut prendre racine, et le vent du sud ou *samyel*.

Les hivers sont extrêmement rigoureux : des famines
en résultent souvent. L'été et le printemps ne sont guère
plus supportables. Dans cette dernière saison on a vu, au
commencement d'avril, le thermomètre marquer 50 degrés
centigrades à la surface du sol, et 56 degrés à 50 centimètres de profondeur. Couvert d'un linge mouillé il accu-
sait encore plus de 20 degrés. C'est bien pis au fort de
l'été. Notre courageuse compatriote Mme Jane Dieulafoy
relate dans son journal de route les souffrances que lui
causa la traversée des plaines embrasées du Khaver. « A
six heures du matin, dit-elle, la chaleur devint insoute-
nable. Une heure encore, et le côté de nos selles exposé
au soleil se tortille comme du papier devant le feu. Nous
sommes inondés d'une telle sueur que les brides mouil-
lées glissent de nos doigts, les yeux éblouis et les pau-
pières irritées par la réverbération du soleil sur le sable
refusent de s'ouvrir, et les tempes battent à croire que
notre tête va éclater. »
A huit heures la colonne mercurielle du thermomètre
de la voyageuse atteignait 62 degrés! Une semblable élévation de la température paraît à peine croyable. Et cependant il y a plus. Dans le Khorassan des provisions de stéarine
et de sulfate de soude enfermées dans des caisses furent
liquéfiées par la chaleur de l'air, ce qui suppose une température de 65°5 [1]. Il est dès lors aisé de comprendre les ra-
vages que l'*homma y gach*, cette fièvre affolante qui sévit
chaque année pendant la période caniculaire, exerce parmi
les nomades du désert.

1. É. Reclus. *Asie antérieure.*

L'exagération du climat estival de la Perse donne naissance à divers phénomènes météorologiques. Les plus remarquables sont les *trombes de poussière* qui surgissent presque tous les jours de onze heures du matin à deux heures après midi et qui affectent la figure de cônes renversés d'un diamètre de 40 à 60 mètres à la base. La fine poussière d'argile noire qui se mêle à leur masse leur donne, de loin, l'apparence de colonnes de fumée. M. de Khanikoff les attribue aux courants ascendants produits par l'échauffement inégal du sol dans les différentes parties de la plaine.

Les particules terreuses entraînées parfois jusque dans les hautes régions de l'atmosphère y flottent plus ou moins longtemps. Il en résulte un obscurcissement momentané du ciel auquel on a donné le nom de *brouillard sec*.

Les nuages poudreux que le vent soulève produisent un autre singulier effet : ils se dressent à l'horizon comme une épaisse et gigantesque muraille, nettement découpée en parallélogramme, muraille mouvante qui, arrivée à une courte distance de l'observateur, masque complètement la vue du soleil. Quand l'air est faiblement agité il n'y a aucune crainte à concevoir, la marche du météore étant assez lente. Mais il en est autrement quand un vent violent, comme le samyel, vient à souffler; des tourmentes s'élèvent alors qui mettent en danger la vie des voyageurs.

§ 3.

De toutes les régions désertiques les solitudes de l'Iran sont certainement les plus déshéritées au point de vue botanique et zoologique. Quelques plantes salines encore innommées en composent toute la flore.

Les animaux ne sont pas moins rares que les végétaux. Parmi les mammifères, les explorateurs ne signalent guère que le chat caspien (*ahou*) et l'âne sauvage. Le lièvre et la gazelle sont toutefois assez communs dans la partie occidentale du Decht-I-Kevir.

De nombreux oiseaux y ont aussi élu domicile pour le plus grand bonheur des Nemrods de la cour du Shah : c'est là qu'on trouve la *fohouï*, ou perdrix du désert, et le *houbara*, sorte d'outarde d'un aspect vraiment original avec ses pennes jaunâtres parsemées de taches brunes, son jabot de plumes noires et blanches et l'aigrette qui orne sa tête[1].

Quant aux insectes et aux arachnides, ils pullulent, les tarentules notamment. Certaines de ces vilaines bêtes atteignent de très grandes dimensions[2].

§ 4.

Ces dechts immenses qui occupent le centre du plateau iranien sont une preuve manifeste de l'insurmontable obstacle que le désert oppose au développement des relations sociales et de la civilisation. Ce sont eux qui, en supprimant toute communication entre les habitants des diverses frontières, les ont empêchés de s'amalgamer, de s'unifier pour constituer un type unique, une race vraiment nationale[3]. Les peuples des frontières de l'ouest ne ressemblent en rien à ceux des frontières orientales, ni ceux du nord à ceux du sud. Ces peuples forment autant de groupes ethniques absolument hétérogènes et dont les éléments, sont empruntés aux peuples étrangers qui leur font face,

1. Flandin. — Duhousset.
2. Mme Jane Dieulafoy : *La Perse, la Chaldée et la Susiane.*
3. Marius Fontane. *Les Iraniens.*

Trombes de sable dans le steppe.

aux Afghans, aux Turcomans, aux Géorgiens, aux Armé-
niens.

Les déserts de l'Iran constituent ainsi un vaste terrain
neutre, où tous les êtres vivants, hommes et animaux,
qui s'y aventurent, le plus souvent par curiosité ou par
étourderie, appartiennent aux races les plus diverses.
Ils sont complètement inhabités sauf sur leur lisière
occidentale : là quelques tribus nomades mènent une vie
indépendante et toute pastorale. Ces tribus se divisent en
groupes de familles ou *tirrha*, analogues aux « tiré » touraniens, et régis patriarcalement. Tels sont les *Bacthyari*,
belle race d'hommes à la physionomie expressive, aux
formes robustes. Aucun souverain de la Perse n'a pu les
réduire. Les Shahs, descendants de Darius, ne leur payent
pas de tribut comme leur illustre ancêtre, mais ils n'en
exigent aucun. Bacthyari veut dire « heureux » : serait-
ce une allusion aux délices de cette liberté que les siècles
n'ont pu amoindrir?

A côté des Bacthyari vivent les *Iliah*. Ils habitent sous
des tentes noires, d'où leur surnom de « Kara-tchader ».
L'élevage du bétail est leur grande occupation ; la crédulité
poussée jusqu'à la superstition est le principal trait de
leur caractère.

Dans la partie septentrionale du Khaver, sur la route
que suivent les rares caravanes de marchands qui vont
de Téhéran à Samarkand, on voit galoper des bandes
d'hommes à figure farouche, montés sur des dromadaires.
Ce sont les *Baloutches* ou *Baloudjis*, dont il y a deux siècles
Tavernier parlait déjà. Ils appartiennent à une race qui
occupa jadis une grande partie de l'Iran oriental, du
Baloutchistan : de là leur nom. Le pillage des voyageurs est
le seul moyen d'existence des Baloudjis. Comme les
Turkmènes avant l'annexion, ils organisent de fréquentes

incursions chez leurs voisins : ils vont par troupes de quatre-vingts à cent hommes, montés à deux sur un chameau. N'emportant que leurs armes, des piques et des sabres, une petite outre pleine d'eau et quelques sachets de farine, ils vont se mettre en embuscade à une courte distance du lieu choisi pour le combat. Leur tactique rappelle celle des Parthes : ils s'élancent contre l'ennemi pour l'exciter, puis, feignant de prendre la fuite, ils l'attirent aussi loin que possible dans le désert, et quand ils le voient s'arrêter, épuisé par la fatigue et la soif, ils reviennent sur leurs pas et l'attaquent furieusement.

BIBLIOGRAPHIE.

ARNOLD (ARTHUR). *Through Persia by caravan*, 2 vol. in-8°, London, 1877.

AUCHER-ÉLOY. *Relation des voyages en Orient*, 1 vol. in-8°.

BARBIER DE MEYNARD. *Dictionnaire géographique de la Perse*.

BELEW. *From the Indus to the Tigris*, 1 vol. in-8°.

BLANFORD. *Le plateau iranien* (Bull. Soc. Géog. de Paris, 1873).

BURNES (ALEX.). *Voyage à l'embouchure de l'Indus et retour par la Perse*, 3 vol. in-8°, 1835.

CHARDIN. *Voyages en Perse*, 10 vol. in-18, 1723.

CLOQUET (Dr). *Le désert salé* (Comptes rendus des séances de 'Académie de médecine, 1851).

CLUZEL (MGR). *Voyage en Perse* (Missions catholiques, 1876).

DIEULAFOY (JANE). *La Perse, la Chaldée et la Susiane*, 1 vol. in-fol., 1888, et (Tour du Monde, 1883).

DROUVILLE (GASP.). *Voyage en Perse*, 2 vol. in-8°, Paris, 1825.

DUHOUSSET. *La Perse* (Tour du Monde, 1862).

ERNOUF. *Le Caucase et la Perse*, 1 vol. in-18.

FERRIER. *Voyage en Perse*, 2 vol. in-8°, 1880.

FILIPPI. *Note di un viaggi in Persia*, 1 vol. in-8°, 1865.

FLANDIN (EUG.). *Voyage en Perse* (Revue des Deux Mondes, 1851).

FONTANE (MARIUS). Ouvrage cité (voir chapitre II : Les Déserts du Touran).

FROIDEFOND DES FARGES. *Coup d'œil sur la Perse d'aujourd'hui*, 1 vol. in-8°, 1861.

GOBINEAU (COMTE DE). *Voyage en Perse* (Tour du Monde, 1861).

GOBINEAU (COMTE DE). *Trois ans en Asie*, 1 vol. in-8°, 1859.

HOMMAIRE DE HELL. *Voyage en Turquie et en Perse*, 3 vol. in-8°, 1854, Paris.

KHANIKOFF (DE). *Voyage en Perse* (Recueil de voyages de la Soc. de Géog. de Paris).

KHANIKOFF (DE). *Mémoire sur l'ethnographie de la Perse*, 1 vol. in-4°, 1866, Paris.

KHANIKOFF (DE). *Méched et son territoire* (Tour du Monde, 1861).

MAC GREGOR. *Narrative of a journey through Khorassan.*

MOLON (CH. DE). *La Perse*, 1 vol. in-18.

ORSOLLE. *Le Caucase et la Perse*, 1 vol. in-18, 1885.

OUTREY. *La Perse*, 1 vol. in-8°, Paris, 1880.

PANISSE (DE). *La Russie, la Perse et l'Inde* (Souv. de voyages), 1 vol. in-18, 1868, Paris.

ROCHECHOUART (COMTE DE). *La Perse*, 1 vol. in-8°, 1867, Paris.

SACHOT (OCT.). *La Perse et les Persans* (Revue britannique, 1873).

TANCOIGNE. *Lettres sur la Perse*, 2 vol. in-8°, 1819.

THOMSON. *La Perse* (Bulletin Soc. Géog. de Paris, 1869).

TAVERNIER. *Voyages en Perse*, 6 vol. in-12.

VIVIEN DE SAINT-MARTIN. *L'Iran et ses populations aborigènes* Revue germanique, 1861).

CHAPITRE IV

LES DÉSERTS DE L'ARABIE ET DE LA SYRIE.

§ 1. L'Arabie à vol d'oiseau. Les déserts] de pierres : le *Hamad* et ses subdivisions. Le désert de Judée. — Les déserts de laves : le *Krâ* et le *Harrah*. — Les déserts de sables : le *Dahna* ou Grand désert rouge ; les abîmes de l'Akhaf ; les légendes du Bahr el Safi. — Le *Néfoud* ; les *tells* et les *fuldjs*. — § 2. Climatologie. Phénomènes météorologiques le *simoun* : causes, symptômes, effets. Le *mirage* : ses diverses formes. — § 3. Flore : l'*asoub* ; plantes herbacées, plantes ligneuses. Faune : mammifères, oiseaux, reptiles, insectes. — § 4. La race arabe : les Bédouins. Type physique. Costume. Nourriture. Habitation : la « maison de poil ». Organisation sociale. Principales tribus de la Péninsule. Chevaux et chameaux arabes. — Le brigandage et l'hospitalité au désert. La poésie, la musique et la danse chez les Bédouins d'Arabie et de Syrie.

Les déserts de l'Arabie où règne le silence,
Où l'Arabe, en passant, accroche de sa lance
Les verts éventails des palmiers.

Cɪɪ. Rᴇʏɴᴀᴜᴅ. *Souvenirs d'Orient*.

§ 1.

L'Asie se termine au sud-ouest par un plateau péninsulaire qui se confond au nord avec les déserts syriens et que baignent, sur les trois autres côtés, le golfe Persique, l'océan Indien et la mer Rouge. Cette péninsule, les Orientaux l'appellent *Belad el Arab, Djezireh Arabah*, « la contrée, l'île des Arabes ». Pour nous, gens de l'Occident, c'est l'Arabie.

L'Arabie ! quel prestige ce nom n'exerce-t-il pas sur notre imagination ! C'est l'Orient qui se lève tout entier devant nos yeux, ce lumineux Orient que reflètent avec une telle intensité de couleur locale les inspirations de nos grands écrivains et de nos artistes romantiques depuis Victor Hugo jusqu'à Félicien David.

Pour les historiens, l'Arabie est le berceau de l'islamisme, la terre sacrée où rayonna la brillante civilisation des Khalifes, la patrie de ces apôtres guerriers, de ces Sarrasins qui osèrent planter jusqu'au cœur de notre France l'étendard vert du Prophète et que rejeta si rudement au delà du Clain l'épée de Charles Martel. Pour les poètes, c'est le jardin de délices où l'air s'emplit du parfum des caféiers, où fleurissent ces térébinthes qui donnent la myrrhe et le cinname, où se figent au tronc des boswellias les larmes laiteuses de l'encens; c'est l'opulent Eldorado d'où la reine de Saba et plus tard les Mages apportaient les trésors en Israël. Pour tous, l'Arabie est le pays du soleil, où les mers de sables déroulent à l'infini leurs flots blonds sous un ciel de vif azur, c'est le désert biblique où paissent encore aujourd'hui, comme du temps de Jacob et de Laban, des troupeaux de chamelles et de brebis gardés par des pasteurs aux traits bronzés, au costume patriarcal, où, la nuit tombée, flottent dans la lueur frissonnante des étoiles les visions merveilleuses évoquées par les poètes de l'Islam.

Mais, il faut bien le dire, il y a des ombres au tableau. Cette Arabie, que nous entrevoyons si radieuse à travers le prisme de notre imagination, ne répond pas toujours à la description plus froide, mais si fidèle que nous en donnent ses derniers explorateurs. Pays de la Lumière, elle est aussi le pays des mirages; et ce soleil superbe auquel elle doit la sérénité de son ciel et la pourpre de ses horizons est en même temps le fléau de son terroir.

Le plateau péninsulaire arabe est dominé sur tout son pourtour par de hautes montagnes rondes et chauves, coupées çà et là de vallées fertiles, et s'abaissant en gradins vers l'arène poudreuse qui occupe l'intérieur du pays et constitue la véritable Arabie.

Au centre même de ce cirque naturel se dresse un autre massif montagneux, le Nedjed. C'est le Tyrol de l'Arabie, un riant Éden dont les sites pittoresques, les bourgades populeuses étagées au flanc des collines et les combes verdoyantes où s'épanchent en bruyantes cascatelles une foule de sources fraîches, font ressortir plus vivement la désolation des solitudes environnantes.

Cette configuration générale de la presqu'île était connue des anciens géographes; on sait que l'un d'eux, Ptolémée, partagea l'Arabie en trois districts: l'*Arabie Heureuse* ou *fertile*, sur le bord de la mer ; l'*Arabie Pétrée* ou *Pierreuse*, à l'extrême nord ; l'*Arabie Déserte*, au centre et au sud. Cette division est restée classique; seules les dénominations ont changé. Aujourd'hui, comme autrefois, l'Arabie Heureuse comprend les provinces habitées et cultivées du littoral; l'Arabie Pétrée est constituée par les grandes plaines rocailleuses qui, séparant les bassins de la mer Morte et de l'Euphrate, forment le moderne *désert de Syrie*, lui-même composé du *Hamad* et du *Harrah*. Enfin à l'Arabie Déserte correspondent les vastes sablières qui entourent le Nedjed, et sont désignées au midi sous le nom de *Dahnah*, au centre sous celui de *Néfoud*.

Le Hamad, ou, comme on l'appelle encore, Badiet-ech-Cham, « l'étendue syrienne », est ce plateau de 500 000 kilomètres carrés qui occupe toute la racine de la Péninsule entre le Néfoud au sud, la vallée de l'Euphrate à l'est et celle du Jourdain à l'ouest. Il est tantôt pavé de larges dalles régulièrement taillées, tantôt semé de noirs graviers, de menues pierrailles appartenant à toutes les formations, granit, grès, calcaires, silex, de cailloux aux contours arron-

dis, véritables galets dont le lit épais, déroulant à perte
de vue son uniformité plate, donne au désert l'apparence
d'une immense grève, rivage de cet océan sablonneux dont
les vagues rosées viennent battre les rochers du Nedjed.

L'aridité proverbiale de ces solitudes et la crainte des
Bédouins, dont les bandes faméliques rôdent incessamment
en ces parages, en éloignent les caravanes, et seuls, les
courriers dépêchés par le gouvernement turc à Damas ou
le consulat britannique à Bagdad osent affronter ces contrées redoutables, qu'ils traversent d'ailleurs rapidement
au trot allongé de leurs dromadaires [1].

Le Hamad ne s'arrête pas au Jourdain, il se prolonge
bien au delà, jusqu'aux montagnes de l'Idumée et de la
Moabilide, par les plateaux désolés de Tih, de Biréh et
de Dhoheriyéh, dont l'ensemble forme le *désert de Judée.*
C'est toujours le même sol dur, résonnant sous le pied,
couvert en certains endroits de rocailles et de cailloux
roulés, ailleurs formé d'une argile rougeâtre qui se soulève en longues lignes onduleuses et d'où surgissent
d'énormes blocs de calcaire gris[2]. Des *ouadis,* vallées
sans eau, des collines crayeuses, arides et pelées, dont
les saillies blanchâtres aux cassures bizarres prennent des
teintes cadavériques à la chute du jour, sillonnent en tous
sens le désert et en diversifient le relief[3]. Tout ce pays
est affreusement triste. Il existe au monde peu de régions
plus désolées, plus abandonnées de Dieu, plus fermées à
la vie que ce désert de Judée qui semble respirer encore
« les épouvantements de la mort »[4].

1. Élisée Reclus. *Asie antérieure.*
2. Lortet. — Isambert.
3. Palmer. — Lamartine. *Voyage en Orient.*
4. Chateaubriand. *Itinéraire de Paris à Jérusalem.* — Renan : *Vie
de Jésus.*

Cependant telle qu'elle est, cette terre sans verdure, cette sèche et pierreuse Judée a son charme. Au regard de l'Européen lettré elle apparaît embellie et comme parfumée de toute la poésie des souvenirs bibliques. Ces déserts ont retenti de la voix des prophètes. Ils ont enveloppé de leur cadre grandiose toutes ces merveilleuses légendes de l'Écriture dont se nourrit la foi naïve de notre enfance, toutes ces ravissantes pastorales qui se déroulent dans les versets de l'Ancien et du Nouveau Testament. Ils furent le théâtre de tous ces miracles : l'eau jaillissant du rocher, la manne tombée du ciel, la colonne de flammes et de fumée, la pluie de soufre et de feu tombée sur les villes maudites, que la science moderne explique par le libre jeu des forces de la nature, mais où la crédulité populaire se plaît à voir autant de manifestations directes de la puissance de Jéhovah. Ils ont entendu la parole du Précurseur après celle de Moïse et d'Isaïe, ils ont vu passer la douce et rêveuse figure, émaciée par le jeûne, du rabbi Nazaréen.

Le Hamad d'entre Euphrate et Jourdain n'a pas toujours été non plus le lieu maudit que nous venons de dire. Comme le Touran il eut ses jours de gloire et de splendeur. Au commencement de notre ère ces plaines étaient habitables et effectivement habitées. Là s'élevaient Bâlbek, l'Héliopolis des Grecs, ainsi appelée de son temple du Soleil dont les ruines grandioses excitent encore l'admiration des archéologues, et au cœur même du désert, cette grande ville de Palmyre où les souvenirs de la Bible se mêlent à ceux de l'empire romain, où la brise qui soupire à travers les longues colonnades, l'écho qui roule au fond des palais et des temples délaissés, semblent murmurer encore le nom de Nabuchodonosor avec ceux de Zénobie et d'Aurélien.

A 75 kilomètres de la vallée du haut Jourdain se dresse en plein Hamad une chaine montagneuse d'origine volcanique, le Djebel Hauran, qui rappelle, avec ses flancs noirs et ses sommets arrondis, la chaine des puys d'Auvergne.

Le temps est déjà loin où sept cratères à la fois vomissaient les torrents de soufre enflammé qui s'abattirent sur Sodome et Gomorrhe, comme plus tard la pouzzolane du Vésuve sur Herculanum et Pompéi, où du sol embrasé montaient les colonnes de feu et de fumée qui guidaient les Israélites dans le désert. Aujourd'hui la paix règne en ces lieux, la terre ne se convulse plus sous les morsures de la flamme qui lui dévorait les entrailles, le monstre est muet, mais la trace de ses anciennes fureurs subsiste toujours. Au pied du Hauran s'étend une mer de laves dont les flots rigides, rouges et noirs, ont des luisants de fonte en fusion. C'est le *désert de Krâ*, la Trachonitide ou « âpre contrée » de l'antiquité. Aux endroits que les coulées n'ont pas envahi, le sol apparait bouleversé, couvert de boursouflures, criblé de trous d'explosion, déchiré en tous sens par des lézardes provenant de la contraction des laves refroidissantes et attestant ainsi l'existence d'une seconde zone d'éruption.

Plus au sud-est, le Harrah, « le pays brûlé » ou « désert noir » des Bédouins. Son aspect n'est pas moins désordonné que celui du Krâ : tantôt ce sont de vastes plaines de basalte dont les dalles nues sont découpées par un véritable réseau de figures géométriques, tantôt l'assise inférieure, de pur calcaire, brusquement soulevée par la poussée des gaz, a crevé la couche superficielle qu'elle hérisse d'innombrables saillies en forme de cônes, de pitons, et complètement isolées les unes des autres[1]. Les

____

1. Lady Blunt.

intervalles sont remplis par un très beau sable blanc provenant de la désagrégation de ces proéminences sous l'action du climat. En d'autres localités le désert est semé de pierres de toute taille et de toute nuance, symétriquement distribuées, on ignore encore sous quelle influence : ici d'énormes moellons dont le volume dépasse souvent un mètre cube, ailleurs de menus cailloux ou des terres calcinées qui s'effritent peu à peu. La même régularité se constate dans la coloration des blocs épars; la face méridionale sans cesse frappée par le soleil reste nette et luisante, tandis que la face opposée, battue par le vent du nord est recouverte d'une croûte grise de lichen [1].

Mais la partie du Harrah où s'est le plus terriblement exercée l'action volcanique, c'est le *Habir*. Il est facile de voir que le feu n'a pas seulement passé là, mais qu'il y a résidé, qu'il y a opéré en grand. La surface de la plaine ressemble à une masse de fer figé en pleine ébullition avec d'énormes ampoules dont les unes crevées laissent voir des scories aux bords tranchants comme du verre [2]. On se croirait plongé au milieu de quelque immense four éteint, au fond d'une de ces sombres cavernes du Tartare dont Hésiode nous montre les parois noircies et lézardées par les flammes du Phlégéthon.

Le *Dahna* réalise le type parfait du désert, du vrai désert incendié par le soleil, absolument stérile et inhabitable. La dénomination de « grand désert rouge » que lui donnent les voyageurs lui vient de la couleur de ses sables, qui rappelle celle de l'ocre ou de la rhubarbe et devient parfois cramoisie après les pluies d'orage [3]. Ces

1. Mme de Gasparin.
2. Huber.
3. Lady Blunt.

sables se distinguent par une autre propriété physique :
ils sont doués d'une mobilité excessive, tantôt s'amonce-
lant en dunes qui s'écroulent à la moindre vibration du
sol ou de l'atmosphère, tantôt emplissant traitreusement
de vastes et profondes excavations où les corps pesants
s'enfoncent comme dans le vide.

On ignore encore la cause réelle de cette fluidité des
particules arénacées dans les gouffres cachés du Dahna.
Élisée Reclus croit toutefois pouvoir l'attribuer à l'existence de courants souterrains, de nappes d'eau ou
d'autres corps liquides, tels que le naphte.

Ce phénomène géologique est surtout remarquable dans
la partie sud-ouest du Dahna, spécialement désignée sous
le nom d'*El Akhaf*. D'après un explorateur français, M. Joseph Halévy, aujourd'hui professeur à l'École pratique des
Hautes études, et chargé en 1870 par l'Académie des
Inscriptions d'une mission épigraphique dans l'Hadramaout, l'Akhaf est élevé d'environ 2000 pieds au-dessus
de la mer d'Oman, et couvert de dunes qui se déplacent,
s'accumulent et s'aplanissent au gré du vent. C'est là
surtout, sur ce plateau de l'Akhaf, que l'on trouve, reconnaissables de loin à leur éclatante blancheur qui tranche
vigoureusement sur la rouge arène du désert les « blouses »
dévorantes dont nous venons de parler, ces entonnoirs
pleins jusqu'au bord d'une poussière impalpable, où si
souvent hélas! des caravanes entières ont trouvé leur
tombeau. Le nom de « Bahr et Safi mer de Safi » que
cette région porte encore rappelle le souvenir d'un de
ces sombres drames : un roi de Saba, nommé Safi y périt,
dit-on, englouti avec toute son armée.

En présence de ce mystérieux inconnu, les Arabes se
sentent saisis d'un invincible effroi. Cet océan poudreux
avec ses lises perfides et ses vagues ardentes roulant sous

un ciel de braise leur inspire une sorte de terreur superstitieuse. Pour expliquer la formation de ce désert mouvant, résultat probable de quelque cataclysme planétaire, leur imagination, éprise de surnaturel, a inventé toute une série de légendes aussi naïves que sinistres : cette contrée, croient-ils, fut autrefois un paradis terrestre habité par des géants, les Aadites, qui disparurent ensevelis par un châtiment du ciel sous un déluge de sable. Cet enfer qui leur paraît garder encore jusqu'au fond de ses entrailles les stigmates de la colère divine, c'est maintenant le séjour des djinns, esprits malfaisants acharnés à la perte des hommes, gardiens jaloux d'immenses richesses enfouies sous ces abîmes dormants.

L'Akhaf est caractérisé par un autre phénomène non moins étrange. Cette fournaise engendre la fraîcheur. Le vent qui monte des plaines brûlantes du Dahna s'attiédit au contact du Bahr el Safi. Le fait est bien connu des habitants de l'Hadramaout et il a été constaté par M. Halévy qui l'attribue à l'élévation relativement considérable du plateau.

Du Dahna s'élancent vers le nord, de chaque côté du Nedjed, deux rameaux sablonneux dont la réunion en avant du plateau central forme le *Néfoud*.

Les caractères géologiques du Néfoud sont de tont point semblables à ceux de la plaine majeure dont il est issu ; comme cette dernière, il est constitué inférieurement par un terrain tantôt granitique ou basaltique et tantôt calcaire. Sur cette base rocheuse qui ne serait autre qu'un ancien fond marin graduellement soulevé, reposent, « comme les vagues sur le lit profond de l'Océan »[1], les magnifiques sables rouges qui font du Néfoud une

1. Élisée Reclus.

des merveilles de la nature orientale, et certainement
la plus saisissante curiosité de toute la zone désertique.

Leur composition comme leur couleur est partout identique. Ils sont agglutinés en grains assez grossiers et absolument purs de toute matière terreuse. On pense qu'ils
proviennent des grès rouges du Nedjed, désagrégés sous
l'influence du climat et balayés par les vents jusqu'à leur
emplacement actuel.

La surface du Néfoud n'est pas moins accidentée que
celle du Dahna. Elle est sillonnée de rides dont la profondeur augmente progressivement du pourtour au centre du
désert et qui forment à ce dernier endroit des chaînes onduleuses, des *tells*, s'élevant de 15 à 30 mètres, et parfois
même à 100 mètres, au-dessus du niveau général.

A première vue ces sinuosités paraissent n'avoir aucune orientation précise et courir au hasard, enchevêtrées
les unes dans les autres en un désordre inextricable. Mais
c'est là une illusion d'optique qui ne tarde pas à se dissiper dès qu'on a pénétré dans l'intérieur du désert. On
reconnaît alors qu'il existe une réelle uniformité dans la
direction de ces ondulations, et qu'allongées normalement
de l'est à l'ouest, elles se succèdent du nord au sud avec
un remarquable parallélisme. Aussi le Néfoud, avec ses dépressions et ses reliefs, ses rangées régulières de dunes
et de lèdes, produit-il l'effet d'une mer houleuse soudainement solidifiée. Précisant la comparaison de ce sol
tourmenté avec l'océan, Palgrave assimile les tells à ces
longues vagues marines qui se forment sous le souffle des
alizés. Il ne s'est pas borné à constater le fait ; il a tenté
de l'expliquer. Pour lui ces plissements parallèles sont
dus non à la nature particulière du terrain ou à quelque
influence météorologique locale, mais au mouvement ro-

tatoire de notre planète, « mouvement qui se communi-
querait imparfaitement à la substance poudreuse et dé-
sagrégée répandue à sa surface ». Élisée Reclus n'hésite
pas à appuyer de sa haute autorité scientifique l'originale
hypothèse du voyageur anglais. « De même, dit-il, que
dans la zone équatoriale l'eau des océans retarde sur le
mouvement de la terre et donne ainsi la première impul-
sion aux courants maritimes, de même dans les déserts
de l'Arabie les sables en retard sur la rotation terrestre
se déplaceraient graduellement de l'est à l'ouest quoique
avec une certaine lenteur. »

Comme le Dahna, le Néfoud a ses abîmes, ses entonnoirs
creusés dans le sol. Mais ceux-ci du moins sont apparents
et par suite faciles à éviter. Ce ne sont plus en effet des
excavations remplies de sables mobiles, véritables trappes
brusquement ouvertes sous les pas du voyageur, mais des
trous béants qui traversent toute l'épaisseur des couches
arénacées et découvrent tout au fond le substratum
primitif, le roc ferme du Hamad. On les appelle des
fuldjs.

Leur aspect est des plus caractéristiques. Ils ressemblent à l'empreinte que laisserait le sabot d'un cheval
gigantesque, légèrement évidé en dessous, et tourné vers
l'ouest. Cette similitude est si frappante que, d'après l'observation d'un explorateur, la fourchette, cette rainure
bifurquée de la surface plantaire, s'y trouve figurée par
une sorte de ravine creusée par les averses[1].

Le diamètre des fuldjs est en moyenne de 300 à
400 mètres; quant à leur profondeur elle dépasse rarement 80 mètres. Leur direction est uniforme comme leur
physionomie. Ils ne sont pas en effet arbitrairement dissé-

____
1. Blunt.

minés à travers l'espace, mais ils forment des sinuosités parallèles qui se déroulent du sud-est au nord-ouest.

§ 2

Le trait caractéristique des déserts d'Arabie comme de tous ceux que nous avons déjà décrits est le manque d'eau. On n'y compte pas plus d'un ou deux jours de pluie par an, au printemps. En dehors de cette saison une ondée est un véritable événement. L'ardent soleil d'Afrique ne cesse de rayonner à travers l'espace, et souvent l'année s'en va sans qu'une goutte d'eau soit venue mouiller le sol calciné, sans qu'on ait vu flotter le plus léger nuage sous la coupole éternellement bleue du ciel.

Malgré cette sécheresse constante de l'atmosphère, la température n'a généralement rien d'excessif. Tant que l'air reste calme, les chaleurs sont supportables et le thermomètre accuse rarement plus de 35 ou 36 degrés[1]. Parfois cependant il monte brusquement à 55 degrés : c'est lorsque souffle le vent du sud-ouest, le redoutable *simoun*.

Le simoun prend naissance dans les plaines embrasées de l'Afrique centrale. Il s'annonce par une série de sinistres symptômes auxquels les indigènes ne se trompent jamais. Tout d'abord apparaît vers le nord une tache rougeâtre qui s'élargit rapidement, éclairant l'horizon d'un reflet sanglant d'incendie. Le ciel, si radieux naguère, prend une teinte plombée ; bientôt il s'assombrit complètement et le désert tout entier s'enveloppe d'épaisses ténèbres où le disque solaire, dépouillé de ses rayons, ne projette plus qu'une lueur blafarde comme celle de la lune. En même temps arrivent de chaudes bouffées,

1. Tamisier.

Fouldj. — Vue prise dans le Néfoud du nord.

mêlées à des tourbillons de pulvérulin sableux qui pénètre partout, dans les yeux, les oreilles et les organes respiratoires, se tamise à travers les tissus lès plus serrés, si subtil qu'avec leur tendance à l'hyperbole les Arabes prétendent qu'il traverserait la coque d'un œuf. La chaleur, accrue par le rayonnement des innombrables grains de sable qui flottent dans l'atmosphère, devient absolument accablante, semblable à celle qui sort de la gueule d'un four en plein travail, et la tempête se déchaine dans toute sa fureur.

On essaierait vainement de se dérober par la fuite à l'étreinte de ce vent terrible, dont la vitesse et la force de projection s'accroissent progressivement en ces vastes plaines de l'Arabie à peine bosselées de quelques accidents de terrain. Lui résister serait également inutile : dans cet air brûlant et chargé de sable, le voyageur sent à chaque instant la respiration lui manquer; ses forces s'épuisent, toute son énergie disparaît et bientôt il s'affaisse, à demi suffoqué, la gorge sèche et la poitrine haletante. Les caravaniers le savent bien. Aussi dès qu'apparaissent les signes avant-coureurs du simoun ils s'enveloppent soigneusement dans leurs burnous et se couchent à plat ventre derrière leurs chameaux accroupis, la tête tournée vers le nord. Et tous, bêtes et gens, restent ainsi étendus plongés dans le plus complet anéantissement, tant que dure la rafale.

Enfin au bout d'un quart d'heure, vingt minutes, les phénomènes qui ont signalé l'invasion du simoun se reproduisent en sens inverse. La température et l'obscurité diminuent graduellement d'intensité, le jour recouvre tout son éclat, le désert reprend son aspect ordinaire et rien ne décèle le passage de la tourmente, si ce n'est parfois le corps inanimé de quelque imprudent chamelier, chez qui l'instinct de la conservation n'a pu l'emporter sur une résignation fataliste aux volontés d'Allah et qui s'est laissé consciencieusement asphyxier.

Dans ce cas, le cadavre, distendu par la dilatation des gaz internes, paraît comme gonflé par un mystérieux toxique : de là le nom de « vent-poison » donné par les Arabes au simoun. Les accidents de cette nature sont d'ailleurs extrêmement rares, et il faut reléguer au rang des fables toutes ces histoires, que se plaisent à raconter les guides de caravanes, d'armées entières emportées par le simoun. C'est un fait reconnu par tous les explorateurs qui ont subi ses assauts, le simoun cause une sorte de malaise, une oppression indéfinissable, parfois de véritables souffrances, mais il n'empoisonne pas : son effet le plus pernicieux est de vaporiser l'eau contenue dans les outres, exposant ainsi les voyageurs à mourir de soif. C'est ce qui arriva vraisemblablement à cette armée que Cambyse, roi de Perse, avait envoyée de Thèbes contre les Ammoniens et qui, d'après Hérodote, aurait péri dans le désert Lybien ensevelie jusqu'au dernier homme sous un déluge de sable.

Heureusement aussi, l'action du simoun ne s'exerce pas sur toute l'étendue du désert, mais seulement sur une partie limitée et assez étroite. En dehors de cette zone troublée, le ciel garde sa transparence et l'on peut suivre de loin, en toute sécurité, les évolutions successives de l'étrange météore.

Tous les vents qui soufflent dans les déserts de l'Arabie n'ont pas d'ailleurs la brutalité du simoun : le vent d'est (*kazi*) et le vent d'ouest (*gharbi*) sont relativement faibles.

La climatalogie spéciale de ces déserts, les conditions hygrométriques et topographiques dans lesquelles ils se trouvent placés donnent naissance à d'autres faits intéressants. Dans ces plaines infinies déroulant leurs ondulations uniformes sous un ciel serein, le sens visuel est sujet à de continuelles aberrations. Toute perspective disparaît, et faute de points de repère auxquels le regard puisse s'attacher et emprunter des termes de comparaison, l'imagination attribue des dimensions arbitraires aux objets éloignés.

Au premier rang de ces phénomènes d'optique, il faut placer le *mirage*. Parfois accablé de fatigue, mourant de soif, obsédé par une seule idée, celle de boire, le voyageur découvre dans le lointain la surface brillante d'un lac où se reflètent des jardins, des rochers, des maisons, des navires. Alors il se redresse, il hâte le pas et s'élance, le cœur joyeux, vers ces rives bénies. Mais, ô cruelle déception! A mesure qu'il s'approche, la vision s'éloigne. Nouveau Tantale, il s'acharne, éperdu, à la poursuite de l'onde rafraîchissante. Vains efforts! Elle fuit sans cesse devant lui, et bientôt même s'efface complètement. Le lac, les maisons, la verdure, tout cela n'est qu'une illusion, un jeu de la lumière, c'est un mirage.

La fièvre engendrée par les souffrances d'un long voyage à travers le désert joue évidemment un grand rôle dans la production de semblables hallucinations et c'est surtout dans de telles circonstances que l'on est porté à prendre ses désirs pour des réalités.

Cependant le mirage n'est pas toujours le résultat d'une impression personnelle, de la surexcitation cérébrale. Il peut exister réellement. Son principe, découvert par l'illustre mathématicien Monge, repose sur le changement de la réfraction de la lumière en réflexion. On sait que lorsqu'un rayon lumineux pénètre obliquement d'un milieu transparent dans un autre milieu de densité différente, il s'écarte brusquement de sa route au point de passage, il se brise, il se « réfracte ». Si le second milieu est moins dense que le premier, le rayon ainsi réfracté tend à se rapprocher de la surface de séparation qui faisant alors l'office de miroir le réfléchit dans le milieu d'où il émane. Or, le sol brûlant des déserts communique une partie de sa chaleur aux couches aériennes en contact avec lui et celles-ci se dilatant alors deviennent, contrairement à la disposition habituelle de l'atmosphère, moins denses que les couches plus élevées. Les rayons lumineux émis vers la terre par des objets élevés, un arbre par exemple, traverseront donc une série de nappes gazeuses plus ou moins réfringentes, de sorte que l'image de ces objets apparaîtra renversée à l'observateur placé au loin et reflétée dans la nappe d'air superposée au sol comme dans une nappe d'eau.

<h3 style="text-align:center">§ 3</h3>

On doit s'imaginer que les déserts arabo-syriaques avec leurs grèves arides, leurs arènes mobiles, et leur déplorable constitution pluviométrique, sont totalement dépourvus de végétation. Le fait est exact en ce qui concerne le Dahna et le Harrah, mais non pour le Hamad et surtout pour le Néfoud. Là, au mois d'avril, une foule de plantes vigoureuses sortent de terre comme par enchantement, et pendant environ trois semaines le sol est couvert d'un magnifique tapis de verdure. Cette laborieuse période du renouveau, c'est l'*asoub*, la saison impatiemment attendue par l'Arabe qui peut alors lâcher ses troupeaux dans le désert sans avoir à se préoccuper de les abreuver, car l'eau de végétation de ces frais herbages leur suffit[1].

1. Blunt. — Huber.

L'asoub écoulé, les plantes fourragères ne manquent pas dans le désert : elles croissent même en si grande abondance dans le Néfoud qu'on l'a toujours regardé comme le paradis du chameau. Elles se groupent par espèces sur des étendues considérables. La plupart ont un aspect caractéristique : elles sont raides, maigres et sèches, et surtout riches en épines. C'est, comme le fait observer Fresnel[1], une preuve frappante de la prévoyance de la nature, car sans cette armure qu'elle leur a donnée, elles ne tarderaient pas à disparaître broyées sous la dent infatigable et puissante des chameaux.

Citons parmi les plus intéressantes le *shammar* qui ressemble au fenouil et dont la tige est bonne à manger; le *semek*, belle graminée dont les Arabes extraient une espèce de pâte rougeâtre, appelée « samh », qu'ils mangent généralement avec de la confiture de dattes[2]; l'*astragale*, aux boules hérissées, particulière au désert de Juda[3]; l'*ouasbé* dont la tige jaune teint en noir la bouche des herbivores; le *câprier*, ou hysope de l'Écriture, notre vulgaire origan, que l'on trouve dans les parties les plus pierreuses du Hamad cis-euphratique, ainsi que le *shieh* (artemisia judaïca) ou petite absinthe; le *hamrâ* aux épines d'une blancheur bleuâtre et dont les chevaux sont très friands[4]; le *nocy* (arthatherum plumosum), enfin le *çôbath* (arthatherum pungens), variété de nocy, dont les innombrables radicelles plongent très loin sous le sable.

Quelques arbrisseaux hérissent aussi le sol de leurs buissons : dans le Hamad on trouve le *kaff-mariann* ou rosier de Jéricho (anastatica hieruntica), dont les fleurs

1. *Journal asiatique*, 1871.
2. Guarmani. — Palgrave.
3. Trystram.
4. Blunt.

closes, quand elles sont desséchées, reprennent leur couleur, même au bout de plusieurs années, dès qu'on les plonge dans l'eau ; le *retem* (relama retam), espèce de genêt aux fleurs blanchâtres, le « rothem » du livre des Rois, à l'ombre duquel se reposa le prophète Élie dans le désert de Tih ; l'*adr*, reconnaissable à sa floraison d'or bruni, à ses feuilles vertes et raides, gonflées de sucs ; l'*ithel* ou *ithr*, si joli avec ses fleurs violettes, si agréable aussi avec ses fruits dont la saveur rappelle celle du beurre frais ou de la noisette[1] ; le *gâdha*, euphorbiacée au tronc noueux et blanchâtre, aux brindilles menues se serrant étroitement à la base pour s'arrondir au sommet en un large parasol d'une couleur vert tendre ; le *sidr* (zizyphus spina-christi), dont chaque rameau ressemble à une aile formée de plumes fines, dont le fruit a la couleur rouge et le goût sucré, légèrement acide de notre cerise de Montmorency. Il est non moins vénéré des chrétiens d'Orient que des Musulmans : les premiers prétendent qu'il a fourni la couronne imposée au fils de Marie pendant sa passion, et les seconds sont convaincus que c'est à son ombre rafraîchissante que se reposeront un jour les élus du Seigneur[2].

Le Néfoud possède en propre un autre arbrisseau non moins célèbre que le sidr dans les annales du mahométisme. C'est le *yertâ* (calligonum comosum), de la famille des polygonées. Le tronc du yertâ se divise à sa partie supérieure en plusieurs branches qui s'épanouissent elles-mêmes en une véritable chevelure de ramilles, couvertes au printemps de fleurettes blanches et suaves comme celles de l'aubépine. Mais en hiver, dépouillé de sa frondaison, le yertâ ressemble beaucoup à la vigne, et à ce propos voici la légende que lady Blunt a entendu racon-

1. Fresnel.
2. Coran. Chap. 66.

Le Sidr (zizyphus spina-christi).

ter par les Arabes : Un jour le prophète vint à un endroit où se trouvait un vignoble et rencontra quelques personnes qui le taillaient. Il leur demanda quelle plante c'était là, et eux, moqueurs, de répondre que c'était de l'yerta, premier mot qui leur vint à l'esprit : « Eh bien, répliqua le prophète mécontent, que ce soit de l'yerta, *yerta inshallah* ». Depuis lors la plante du désert cessa d'être la vigne et de produire des fruits.

Le roi des végétaux du désert, c'est le *Dattier* (Phœnix dactylifera), bel arbre de la famille des palmiers. Son tronc droit est hérissé d'écailles, formées par la base persistante des pétioles; du sommet de cette colonne naturelle jaillit un superbe éventail de feuilles, composées de folioles alternes et auxquelles leur frappante similitude avec une main ouverte a fait donner par les Romains le nom de *palmes*, nom qui s'est transmis à toute la famille. Les dattes, ou fruits du dattier, sont ainsi appelées parce qu'avec leur forme elliptique et leur pulpe charnue, elles ressemblent au doigt de l'homme (gr. δαxτυλoς); leur épiderme lisse est d'un rouge brun : de là encore la dénomination de phœnix (φοιvιξ, rouge) que le dattier a reçue des anciens naturalistes.

Il n'y a pas que les fruits d'utiles dans le dattier, toutes les parties de l'arbre ont leur valeur. Avec les branches, on fait des haies de clôture, des palissades, des lattes pour les planchers des terrasses, avec la partie élargie du pétiole ou base de la palme, des truelles pour les maçons. Ce pétiole lui-même fournit des filaments élastiques propres à la fabrication des cordages, des paniers, des nattes et de la bourre pour le bât des chameaux. Le tronc formé de fibres très résistantes, dures comme le fer, ne peut être taillé en planches, mais, sans être équarri, il constitue un excellent bois de construction. Il donne encore à la fois un aliment et une boisson : le bourgeon terminal désigné sous le nom de chou-palmiste, ou de cœur (*djou-mar*) est comestible; du djoumar lui-même on extrait par incision le vin de palmier (*lakby*) qui n'est autre que la sève de l'arbre. Le dattier est donc bien l'arbre nourricier du désert et l'on comprend toute la portée de la prescription coranique : « Honorez la datte car elle est votre mère ».

Nous croyons devoir nous borner présentement à ces quelques renseignements sur l'histoire naturelle et l'utilité générale du dattier, nous réservant de traiter plus loin, avec détails, tout ce qui concerne la culture de cet intéressant végétal. Il nous paraît cependant utile de faire connaître dès maintenant que les *oasis* sont constituées essentiellement par des plantations de dattiers. Ajoutons qu'elles sont rares en Arabie. On n'en compte que deux; celles de Djöf et de Jobbah, l'une et l'autre situées dans le Néfoud central.

L'aridité des contrées que nous venons de décrire n'est pas moins défavorable à la vie animale qu'à la vie végétale. Il y a cependant quelques exceptions. Dans le Néfoud septentrional, des lièvres en assez grand nombre gîtent sous les touffes de ghàda.

La région du Hauran est particulièrement privilégiée : c'est un terrain de chasse fréquenté par les Arabes qui sont sûrs d'y trouver, sans compter les lièvres, les gibiers les plus divers, depuis le sanguinaire léopard jusqu'à l'inoffensive gazelle. Dans cette dernière espèce une variété est particulièrement curieuse, la bubale (*cervus capreolus*), au pelage d'une belle couleur baie. Quelques antilopes blanches fréquentent aussi ces parages, de même que la superbe antilope « belka » aux cornes de près d'un mètre de long.

Le désert de Syrie est surtout riche en oiseaux ; on y
rencontre de nombreuses compagnies de *grandoules*, ou
perdrix de sables. Quelques passereaux atténuent aussi

Couronne de dattier.

par leurs gazouillements la tristesse de ces solitudes :
c'est l'*alouette huppée* qui niche dans les endroits les plus
arides, c'est le *traquet* (saxicola deserti), l'hôte fidèle des
déserts de la Judée, si joli avec son plumage de demi-deuil,
ailes blanches et tête noire. Ajoutons que les rochers

du Hauran donnent asile à plusieurs familles de faucons, asile souvent violé par les Bédouins qui viennent chercher là de précieux auxiliaires pour la chasse du lièvre et de la gazelle.

L'avifaune du Néfoud est moins importante que celle du Hamad : elle ne comprend guère qu'un oiseau, le plus gros de tous il est vrai : nous avons nommé l'*autruche*, l'oiseau-chameau, ainsi baptisé par Linné à cause de ses nombreux rapports physiologiques avec ce quadrupède.

Les reptiles sont assez rares dans les déserts d'Arabie. On en connaît cinq espèces tout au plus : un saurien, le *dharb*, petit lézard d'un gris jaunâtre, et deux ophidiens, le *suliman* au corps très long et très grêle, couvert d'écailles argentées, et une belle couleuvre noire (*coluber atra virens*). Tous ces animaux sont inoffensifs, mais il n'en est pas même de la *naja hadji* ou cobra à capuchon, et surtout de la *vipère cornue*, la terrible *lefaa* du Sahara, le céraste des psylles égyptiens, le basilic dont parle la Bible, ce proche parent de l'aspic de Cléopâtre. « J'ai vu, dit M. Trystram, mon cheval reculer et trembler de terreur en apercevant ce serpent petit, mais mortel, roulé dans une empreinte de pas de chameau devant nous. »

Les scorpions se rencontrent fréquemment dans les districts sablonneux ; des nuées de sauterelles s'abattent aussi quelquefois sur le Dahna ; mais ces insectes sont trop connus pour que nous puissions faire plus que signaler leur présence.

§ 4.

La population arabe comprend deux grandes familles : es *Arabes sédentaires*, qui habitent les villes et les oasis, où ils se livrent aux travaux agricoles et industriels, et les *Arabes nomades* qui parcourent sans cesse les déserts, vivant du produit de leurs troupeaux et couchant sous la tente. De là, pour ces derniers, le surnom de *Scénites* (σκηνη, tente) que leur avaient donné les Grecs, et celui de *Bédouins* (*bid*, désert) qu'ils portent encore aujourd'hui.

Les deux familles ont une même origine : l'une et l'autre sont issues d'Ismaël, ce fils d'Abraham et de l'Égyptienne Agar que sa mère emmena avec elle, après sa répudiation, dans le désert de Pharan. Quant à la scission actuelle de la race arabe, elle s'est opérée graduellement par suite de l'attraction que les riches provinces du littoral ont à la longue exercée sur la pauvreté des fils du désert.

Cette séparation et la différence de mœurs et de caractère qui s'en est suivie ont déterminé entre les deux lignes ismaélites une insurmontable antipathie. Le Bédouin notamment éprouve une aversion profonde pour son frère de la ville, pour celui qu'il appelle avec mépris « Ahr el madar l'habitant des maisons », pour le renégat des destinées primordiales et des instincts séculaires de la race, le déserteur qui, méconnaissant la parole du seigneur Mahomet : « Là où entre la charrue entre la honte », a préféré l'esclavage des sociétés civilisées à la liberté des grandes solitudes.

Le Bédouin, lui, ne connaît que la vie nomade. Il voyage sans cesse, tantôt avec toute sa tribu, tantôt avec sa famille et son bétail. Parfois même il s'enfoncera tout seul dans le désert, monté sur son dromadaire et n'ayant pour toutes provisions qu'un sac de dattes et une outre pleine d'eau. Où va-t-il? Il ne saurait le dire. Il erre à l'aventure pour le seul plaisir du changement. C'est un besoin plus fort que sa volonté; ses dispositions héréditaires l'entrainent malgré lui : « Fixer les nomades ou fixer des hirondelles, ce sont, dit M. Ch. Martins, tentatives de même genre, et aussi vaines l'une que l'autre. L'hirondelle se brise la tête contre les barreaux de sa cage quand l'heure de la migration est venue; l'Arabe est de même. Il faut qu'il parte, et si vous le retenez, il s'étiole et meurt. »

Le type physique des Bédouins en général est un des plus séduisants du monde. Ce sont des hommes de moyenne stature, maigres et élancés dont les membres bien proportionnés sont aussi souples que robustes. Leur tête surtout est caractéristique : bien tendue sur les méplats, hâlée par le soleil et les grands vents du désert, la peau a des reflets de bronze; le regard est étincelant; le nez busqué retombe en bec de faucon sur les lèvres minces qui, lorsqu'elles s'entr'ouvrent pour sourire, démasquent une double batterie de dents blanches comme du lait; la barbe assez clairsemée est noire, comme les cheveux.

Le costume de ces enfants du désert n'a pas changé depuis les temps hébraïques. Il se compose, chez les hommes, d'une chemise et d'une longue robe appelée *kambar*, toutes deux en toile de coton blanc; d'un vêtement de dessus, l'*abah*, grand manteau de laine blanche à rayures noires et plié en carré double, avec une échancrure pour laisser passer la tête: La coiffure est le turban ou *keffieh* formé de bandes de toile jaune enroulées autour du crâne et fixées par une corde en poil de chameau. Des *bebia*, pantoufles en laine ou en maroquin jaune, complètent ce costume imposant.

La sauvage et féline beauté des Bédouins se retrouve dans leurs compagnes, accrue de ce charme dominateur que dégage toute fille née sous le ciel d'Orient. Si l'esthétique ne découvre pas en elles cette exquise perfection des jeunes corinthiennes que divinisa le ciseau des Phidias et des Praxitèle, elle ne saurait cependant leur refuser, du moins dans leur jeunesse, l'une des premières places parmi leurs sœurs des autres nations. L'harmonie de leurs formes sculpturales se révèle dans leur démarche lente, pleine de morbidesse. Leur visage, au teint mat et légèrement ambré, aux linéaments expressifs, s'assombrit par en haut sous la lourde visière de tresses noires comme de l'encre, et s'éclaire inférieurement de la flamme de deux grands yeux dont la prunelle de velours brun semble refléter toutes les incandescences, parfois aussi toute la sublime tristesse du désert.

Leur toilette est d'une élégante simplicité : elle ne comprend qu'une robe de coton bleu ou marron, et un *haik*, ou voile de couleur rouge ou blanche qui forme coiffure à la religieuse, et s'enroulant autour du cou de façon à cacher le bas de la figure retombe par derrière en plis amples. Les lourds anneaux de métal suspendus aux oreilles sont là d'ailleurs pour attester que la coquetterie féminine ne perd jamais ses droits, même au fond des déserts.

Et en voyant passer ces femmes, la jarre à l'épaule pour se rendre au puits, le voyageur songe instinctivement aux vierges canéphores dont la gracieuse théorie se déroule sur les frises des temples ioniens. Il s'explique l'ascendant jadis exercé par cette Esther qui supplanta la hautaine Vasthi dans le cœur du roi Assuérus et par l'héroïne du *Cantique des cantiques*, cette tendre Sulamite dont l'âme « se fendait » à la seule voix de l'Époux. Toutes deux étaient des filles du désert, des Ismaélites de pure race.

Cependant l'existence des Bédouines est, comme celle des Turcomanes, une des plus pénibles qui se puisse imaginer. Riches ou pauvres, nobles ou plébéiennes, elles sont toutes plus ou moins opprimées, plus ou moins assujetties non seulement aux soins ordinaires du ménage, mais à une foule de travaux qui, dans nos pays civilisés, restent l'apanage exclusif du sexe fort. Ce sont elles qui doivent dresser et démonter les tentes, bâter et décharger les montures, et ce qui leur paraît le plus dur, aller chercher de l'eau à des distances souvent considérables.

Le régime des Bédouins est des plus frugals. Ils ne boivent que du lait ou de l'eau, et seulement à la fin du repas. Leur nourriture se compose presque exclusivement de dattes et de quelques galettes de *rouina*, farine de blé ou d'orge qu'on apprête de diverses manières. Tels sont le *burgoul*, froment bouilli et séché au soleil, et l'*aiesch*, sorte de pain sans levain, pétri avec du lait de chamelle et cuit sous la cendre. Leur mets favori est le pilau des Turkmènes, qu'on appelle ici *couscoussou*. Il constitue le plat de résistance du repas arabe. Quant à la viande, les Bédouins n'en mangent qu'à l'occasion de la venue d'un hôte : c'est tantôt un chevreau bouilli et coupé en petits morceaux, tantôt un agneau cuit sous des pierres brûlantes dans un trou creusé en terre. Quelques tasses de café couronnent toujours ces fraternelles agapes : car, il ne faut pas l'oublier, nous sommes ici dans la patrie de cette fève précieuse à l'arôme suggestif,

> Qui manquait à Virgile et qu'adorait Voltaire.

La demeure du Bédouin, c'est la tente, la « maison de poil, *bit ech char* ». Une traverse supportée par deux piquets à hauteur d'homme en forme toute la charpente. Par-dessus est jetée une grande pièce d'étoffe composée de plusieurs *flidjs*, ou bandes tissées avec du poil de chameau. L'intérieur de la tente est divisé par un rideau en deux pièces. La première (*mekaad rabiaa*), placée à gauche de l'entrée, est occupée par les hommes. Elle sert aussi de dépôt pour les harnais et les sacs de provisions. La seconde, (*meharrem*), est réservée aux femmes et aux enfants. Son meuble principal est le *seundouk*, sorte de coffre de bois dont la forme carrée, les ferrures énormes, et parfois des incrustations de cuivre, rappellent le bahut de nos paysans normands ou bretons. On y met les vêtements de la famille. A côté sont déposés les ustensiles de cuisine.

Chez les Arabes comme chez les Turkmènes, la base de l'organisation sociale est la tribu (*kabeilah*), formée par la réunion des personnes de même souche et gouvernée par un *sheik* héréditaire. La tribu se fractionne à son tour en groupes indépendants (*fendeh*), ayant chacun leur chef. C'est en réalité la famille biblique.

Chaque tribu habite un ou plusieurs camps répartis sur une certaine étendue de territoire, qui lui appartient de temps immémorial en vertu du droit du premier occupant. Ces camps affectent deux formes différentes suivant le nombre des tentes. Si ce nombre est considérable, les tentes sont disposées sur trois ou quatre lignes parallèles et l'agglomération s'appelle un *nezel*. Dans le cas contraire elles sont rangées en cercle et liées les unes aux autres par des cordes entrecroisées, avec une ouverture pour laisser passer le bétail. Le camp prend alors le nom de *douar*. Une particularité est toutefois commune au douar et au nezel : la tente du chef est toujours dressée à l'Occident, parce que, disent les Bédouins, c'est de ce côté qu'on attend les ennemis et les hôtes.

Le nombre des tribus nomades de la Péninsule est assez élevé. Au point de vue géographique on peut les diviser en deux groupes principaux ; les Bédouins des déserts de Syrie (Hamad et Harrah), et les Bédouins des déserts d'Arabie (Néfoud et Dahna).

Parmi les premiers nous citerons d'abord les *Tiyayah*, qui occupent le désert de Tih, et les *Taamirah*, vrais sauvages qui vivent à peine vêtus dans des douars gardés par des chiens noirs à l'aspect féroce [1]. Véritables pirates de la plaine syriaque, les Taamirah et les Tiyayah semblent avoir adopté pour devise l'*homo homini lupus* des moralistes anciens. Le pillage des caravanes constitue le plus clair de leur revenu. Les *Beni-Saker* qui parcourent les solitudes du Hauran jouissent d'une meilleure réputation : Nemrods passionnés, ils ne connaissent que la chasse et le dressage des oiseaux de proie, éperviers ou faucons, pour le courre du lièvre et de la gazelle. Leur bienveillance à l'égard des étrangers est proverbiale. Ils ont d'ailleurs une physionomie ouverte qui prévient en leur faveur. Leurs femmes passent pour les plus belles des Bédouines : on rencontre parmi elles, chose assez singulière dans ces pays d'Orient, beaucoup de blondes aux yeux bleus [2].

La plus importante de toutes les associations nomades de la Syrie est celle des *Anezeh*. Ce n'est pas une simple tribu, mais un grand peuple que l'on peut considérer comme l'aristocratie de ces déserts [3]. « Né libre, dit Burchkardt, l'Anezey est encore gouverné par les mêmes lois qu'au commencement de l'Hégire. » Les *Roallah*, leur plus importante fraction, nomadisent entre le Hauran et

1. Dr Lortet.
2. Burchkardt. — Guarmani. — Huber.
3. Roger Upton.

le Nedjed, servant ainsi de trait d'union entre les Bédouins du nord et les Bédouins du midi.

En tête de ces derniers se placent les *Sammari* qui se prétendent les plus nobles des Arabes comme descendant des anciens Schomérites. Ils ne sortent guère du Néfoud dont ils sont les maîtres incontestés avec les *Houtéim*, ceux-ci reconnaissables à leur longue robe bleue. A côté d'eux, mais tout à fait à part, vivent les *Schérarat* dont le centre de réunion est le ouadi Sirrhan. Les Schérarat sont les vagabonds par excellence ; ils changent de place presque chaque jour. Ce sont aussi les plus pauvres parmi les habitants du Néfoud. Leur misère est extrême : les enfants sont entièrement nus et les hommes ne sont couverts que de haillons. Complètement isolés au milieu de la mer de sable, dédaignés des autres indigènes qui les considèrent comme une caste inférieure, comme les bohémiens du désert, les Schérarat ne se marient qu'entre eux. Ces unions consanguines, cette exclusion rigoureuse de tout élément étranger dans la constitution de leurs familles ont fait d'eux le type accompli de la race nomade.

Cependant il est en Arabie une autre tribu dont la condition est plus douloureuse encore que celle des Schérarat, ce sont les *Al Morrah*, qui campent sur quelques points du Dahna. Leur existence au sein de ces régions désolées est un véritable problème. Tout dans leur extérieur, dans leurs guenilles sordides, dans leurs traits d'une laideur repoussante révèle la plus épouvantable détresse [1].

La vie de ces diverses peuplades nous offre l'exacte reproduction de la vie pastorale au temps des patriarches. Toutes se livrent à l'élevage du bétail, composé de moutons et surtout de chameaux, dont elles consomment ou

1. Palgrave.

vont échanger les produits dans les localités limitrophes du désert ou dans les oasis, contre du blé, de l'orge et des dattes. Quelques-unes y ajoutent l'élevage du cheval.

On distingue, en Arabie, deux espèces de chevaux : le *kadichi* et le *koklani*. Le kadichi est le cheval d'origine inconnue : les Arabes n'en font aucun cas. Les koklanis sont les chevaux de pur sang, ceux dont on peut établir la filiation d'une manière certaine. On les appelle encore *hararé* (sing. *hoor*), d'où le nom de « haras » rapporté des croisades par nos ancêtres. Les koklanis ne forment pas comme les « race-horses » britanniques une seule et même famille, ils se subdivisent en une infinité de races. Les plus célèbres sont celles de *taneissé*, *mane'keié*, *djerawué*, *koheilé* et *saklawié*, issues, prétendent les Arabes, des cinq juments favorites du prophète. A les en croire, les chevaux koheilé et saklawié descendraient même d'un étalon et d'une jument qui faisaient l'orgueil des écuries de Salomon, et que ce prince reçut en cadeau des habitants de la province d'Oman lors de son mariage avec Balkis, reine de Saba.

Faut-il voir dans cette assertion une de ces naïves légendes familières à l'imagination fantaisiste des Orientaux ou plutôt un moyen, pour les éleveurs indigènes, de grossir le prix de vente toujours énorme de leurs animaux? Cette dernière hypothèse paraît la plus vraisemblable, car plus d'un voyageur a constaté que chez les Bédouins l'instinct poétique se doublait d'une âpreté au gain des plus prosaïques, et que, vrais Normands du désert, ils aspiraient surtout à « gaigner ».

Cependant les preuves ne leur manquent pas pour attester la pureté d'origine de leurs coursiers. Des fois, ils invoqueront les traditions transmises verbalement de génération en génération et reconstitueront sans hésiter l'arbre généalogique de tel cheval. Au besoin ils exhiberont des titres en règle, un « stud book » régulièrement tenu depuis un temps immémorial. Les Bédouins ont en effet coutume de consacrer la naissance de leur koklani par un acte spécial, indiquant le signalement de l'animal, le nom et l'ascendance de sa mère, et enfermé, après signature par tous les témoins, dans un sachet de cuir ou de soie que l'on suspend au cou du nouveau rejeton.

Parvenu au terme de sa croissance, le koklani est une magnifique bête chez qui la perfection des détails le dispute à l'harmonie des proportions. Il a le dos légèrement cambré, la croupe un peu allongée, les hanches étoffées et le ventre rebondi. Fines et nerveuses comme celles des antilopes, garnies de muscles qui saillent sous le poil net et luisant, les jambes semblent faites d'acier. La tête est digne du corps : très large au sommet, très amincie vers la bouche avec des narines rosées largement ouvertes et de grands yeux rayonnants d'intelligence, qui sont à eux seuls une langue tout entière, qui disent tout et comprennent tout [1].

Que l'on considère le cheval arabe au repos, bien d'aplomb sur ses jambes, celles de devant raidies et comme soudées l'une à l'autre, celles de derrière légèrement écartées, piaffant et frémissant, ou bien en marche, caracolant avec de joyeux hennissements, la tête penchée sous la crinière éparse, le col arrondi comme celui des cygnes, les naseaux fouillant le poitrail, la queue rejetée en arrière et balayant le sol, on reconnaîtra avec tous les hippologistes que ce bel animal, principe des chevaux de pur sang, appartient à la plus noble des races équestres [2], on comprendra sans peine l'enthousiasme qu'il inspire à ses possesseurs.

1. Lamartine *Voyage en Orient.*
2. D*r* Perron. *Institutions hippiques des Arabes.*

« Rien qu'à le voir, disent les Arabes, on deviendrait fou d'admiration, on oublierait l'auteur de ses jours. » Aussi dédaignent-ils de relever sa sauvage beauté par tous ces artifices de toilette, ces coupes, ces tontes, ces tresses que les palefreniers européens imposent à leurs chevaux. Jamais ses sabots légers ne se sont alourdis sous le poids d'un fer, jamais le ciseau n'a touché son opulente crinière, et sa robe soyeuse que jamais non plus n'ont effleuré la brosse et l'étrille n'est lissée que par la main câline du maître.

On le nourrit avec de l'orge et du lait de chamelle mêlés parfois de feuilles de shich. Comme les devi turcomans il est élevé à la dure : il reste constamment en plein air, la nuit comme le jour, attaché, non par le cou, les Arabes s'en gardent comme d'une profanation, mais par une des jambes de derrière. Aussi, habitués de bonne heure à l'inclémence des saisons, les koklanis acquièrent-ils promptement une merveilleuse endurance. On les verra courir vingt-quatre heures consécutives au milieu du sable en feu, sans que leurs jarrets trahissent la moindre fatigue, sans se ralentir une seconde et cependant sans avaler autre chose qu'une poignée d'orge et quelques gorgées d'eau saumâtre, vivant pour ainsi dire de la brise qui passe, d'où ce nom de « *chareb er ehh*, buveurs d'air » que les poètes nationaux leur ont donné.

Leur docilité est non moins étonnante que leur fougue. Ils obéissent à la moindre pression du genou de leur cavalier, au plus léger mouvement qu'il imprime à la bride. Ils exécutent sa volonté avec une telle rapidité, une telle intelligence qu'ils semblent deviner sa pensée. Avec cela, doux comme des agneaux, accourant à son premier appel et venant manger dans sa main. Leur attachement pour ceux qui les ont élevés est proverbial : combien de ces buveurs

d'air ont sauvé la vie à leur maître, tantôt dans les
voyages l'emportant vers la source secrète que leur flair
délicat a de loin éventée, tantôt dans les combats, lé-
chant ses plaies, le ranimant à force de caresses, et le
dérobant par une fuite rapide à la poursuite de l'ennemi, parfois aussi refusant de l'abandonner agonisant
dans la solitude, et se couchant à côté de lui, fidèles
jusqu'à la mort.

Le vrai type du cheval arabe, le koklani authentique,
celui qui résume et possède au suprême degré toutes ces
merveilleuses qualités que nous venons de décrire n'existe
qu'au Nedjed. C'est là qu'il faut aller pour admirer ces
coursiers légendaires qui font la gloire de l'Arabie et dont
la possession a plus d'une fois allumé la guerre entre les
tribus. Le haras de Riad notamment est célèbre dans tout
l'Orient : on y trouve les chevaux les plus parfaits du
monde [1].

Sans doute le cheval arabe est pour son maître un précieux auxiliaire, mais c'est une bête de luxe qu'il n'est
pas donné à tous de posséder. Il n'en est pas de même du
chameau. C'est lui le véritable compagnon du Bédouin,
l'être providentiel sans lequel les océans de sable et de
cailloux de l'Arabie centrale seraient infranchissables.
Aussi mérite-t-il bien le surnom que lui ont donné les
poésies orientales « *gouareub el beurr*, vaisseau du désert »
et ce témoignage que lui a rendu le Coran en faisant de
lui une des merveilles de la création [2].

La race caméline, avons-nous déjà dit, comprend comme
la race chevaline, deux espèces d'animaux qui se distinguent l'une de l'autre par leur distribution géogra-

1. Palgrave.
2. Coran. Chap. 88.

phique et par le nombre des bosses dorsales : le chameau de la Bactriane ou *chameau proprement dit*, répandu dans l'Asie centrale et qui possède deux de ces excroissances, et le chameau d'Arabie ou *dromadaire*, le καμελος δρομας de Diodore de Sicile et de Strabon, qui n'en a qu'une.

A son tour ce dernier se subdivise en deux classes d'animaux ayant le même type physiologique mais une allure, et par suite une destination différente : le chameau de bât et le chameau de course. Le premier c'est le *djemel*, le chameau vulgaire, la bête de somme qui porte les lourds fardeaux et marche au pas. Le second c'est la bête de race, appelée *deloul* en Arabie, hadjin en Égypte, mehari dans le Sahara. Il est au djemel ce que le koklani est au kadichi, ce que notre cheval de selle est au cheval de trait. Il porte l'homme et trotte.

Cette différence provient uniquement du mode d'élevage. « Quand, dit Burckardt, un Arabe a découvert dans un de ses jeunes chameaux des dispositions à être extrêmement actif, il le dresse pour être monté. Le chameau devient alors dromadaire ou deloul. »

Si le djemel ne paye pas de mine, il est du moins très précieux pour le nomade : la sûreté et la régularité de sa marche à grands pas cadencés, sa sobriété et son endurance lui donnent sur le cheval un avantage incomparable pour les longs voyages. Son robuste estomac s'accommode d'une foule de plantes indigestes pour les autres herbivores. Un chameau arabe restera même sans manger pendant toute une semaine, sans boire pendant deux ou trois jours en été, cinq ou six jours pendant l'hiver. Il est vrai qu'il se dédommage à l'étape : on le voit alors absorber d'un seul coup soixante à soixante-dix litres d'eau [1].

---

1. Vallon. *Histoire naturelle du dromadaire.*

La frugalité du djemel n'a d'égale que sa force de résistance à la fatigue. Il peut faire en moyenne de 15 à 18 lieues par jour avec une charge de 250 à 300 kilogrammes.

Cet animal a cependant quelques défauts, il est maussade, mélancolique, et souvent, dans un accès de misanthropie, il cherche à mordre ou à se débarrasser par des ruades de sa cargaison.

En Arabie, la femelle du chameau, appelée *nagah*, est plus estimée que le mâle, à cause du lait qu'elle fournit et de son caractère plus tranquille. La tradition contribue aussi pour beaucoup à cette préférence : les Arabes croient que c'est sur une nagah d'une blancheur éclatante que le prophète monta au ciel.

Le deloul a toutes les qualités du djemel sans en avoir les défauts. Il le surpasse non seulement par la rapidité de l'allure, mais encore par la sobriété, la patience et l'énergie. « Ces animaux sont peut-être sans pareils, dit un voyageur, parmi tous les quadrupèdes pour l'aisance avec laquelle ils portent leurs cavaliers. Leur pas naturel est une sorte d'amble doux. On n'a d'ailleurs qu'à mettre le dromadaire au degré de vitesse voulu et lui laisser la bride sur le cou. C'est une machine montée pour abattre avec une régularité d'horloge tant de kilomètres à l'heure[1]. »

Du reste cette supériorité du deloul sur ses congénères se décèle dans tout son extérieur, dans la finesse de sa membrure, dans l'élégance de son maintien, dans le rayon plus vif, et l'expression plus intelligente de son regard.

Le Nedjed est la grande région d'élevage du dromadaire. De là le surnom d' « *Omm el Bel*, mère des chameaux » qu'on lui a donné. Mais la race la plus estimée

___
1. Palgrave.

provient de l'Oman. Le *deloul-el-Omani*, jouit dans tout l'Orient d'une renommée non moins grande que le koklani nedgéen.

Tous les Arabes ne savent, ou souvent même ne peuvent pas se contenter des profits que leur assure l'élevage des animaux domestiques. Le désert comme le monde civilisé a ses pauvres et ses déclassés. Les uns se font conducteurs de caravanes, les autres, et ce sont les plus nombreux, vivent surtout de rapines. Et il ne s'agit pas ici de simples maraudes isolées, mais de *ghrazus*, c'est-à-dire de véritables expéditions organisées de la même manière que l'alamane des Turkmènes; seulement tandis que l'alamane était avant tout une chasse à l'homme, le ghrazù ne vise que l'enlèvement des troupeaux ou le pillage d'une caravane.

Il est d'ailleurs au pouvoir des voyageurs, même des Européens, de traverser la Péninsule sans avoir à redouter de semblables accidents. Pour cela il leur suffit, dès qu'ils sont arrivés à la limite du terrain de parcours d'une tribu, de demander le scheik et de traiter avec lui. Le scheik les fera accompagner par un *rafik*, un ami garant, dont la présence les rendra inviolables sur toute l'étendue de ce territoire. « Chez ces singulières populations, dit M. Vignes, il existe un point d'honneur poussé très loin et qui doit assurer toute sécurité au voyageur placé sous leur protection. Une tribu qui laisserait dévaliser un Européen avec lequel elle est liée par traité, sans avoir tout fait pour empêcher l'événement, serait déshonorée. »

A ce respect de la foi jurée, les Bédouins ajoutent un remarquable esprit d'hospitalité. Cette obligation de l'assistance mutuelle est pour eux une loi de nature et de raison, le résultat d'un calcul intelligent, car ainsi que l'a fait remarquer le général Daumas elle est une condition essentielle de la vie nomade : loin des villes et de leurs ressources, elle seule rend possibles les déplacements et les relations de tribu ou de famille, et le voyageur n'a droit à une place sous la tente du nomade qu'à charge de rendre le lendemain le service reçu la veille[1]. C'est en même temps une loi religieuse : « Ce qui constitue la foi, a écrit Mahomet, c'est la pratique constante de l'hospitalité ». Aussi un hôte est-il toujours regardé au désert comme un être sacré et la tente où il repose comme un lieu d'asile inviolable.

Des voyageurs s'approchent-ils d'un douar : aussitôt chacun d'accourir au-devant d'eux pour les aider à descendre de leurs montures, se charger de leurs bagages, et les conduire à la *mendilah*, à la tente spéciale réservée aux hôtes dans tous les campements, à la chambre d'amis, dirions-nous en France. Ils y sont reçus par le sheik qui les salue de la formule sacramentelle : « *Salam aleikoum*, la paix soit avec vous », ou leur demande à la mode arabe : « *La'lek taub*, êtes-vous bien? » Puis il les invite à s'asseoir et leur fait servir une collation. Ce après quoi il les laisse se reposer. Ils seront ainsi logés et nourris gratuitement tant qu'ils resteront dans le camp; seulement l'usage veut qu'au moment de leur départ ils donnent un présent au scheik, tantôt des armes, tantôt un abah, tantôt même un cheval ou un chameau, suivant leurs moyens ou la durée de leur séjour.

Réfractaires à tout ce qui constitue la civilisation, les Bédouins de la Péninsule sont généralement illettrés. Leur extrême ignorance explique leurs tendances superstitieuses et leur tiédeur pour cette grande religion mahométane dont leur patrie fut le foyer. Du Coran même, ce code civil et religieux de leur race, ils savent peu de

---

1. E. Daumas. *La Vie arabe*.

chose, à peine quelques préceptes transmis verbalement par les ancêtres.

Cependant ils ne sont pas complètement déshérités sous le rapport intellectuel. Loin de là, ils sont naturellement orateurs. Leur éloquence est fougueuse, toute brûlante de passion, toute semée d'images et de locutions pittoresques. Et, chose étonnante! c'est dans la plus sauvage de leurs tribus, chez les misérables Al-Morrah, ces parias perdus au fond des solitudes dahnéennes, que le voyageur pourra entendre résonner dans la vieille langue ismaélite les accents les plus vibrants.

La Poésie, cette sœur jumelle de l'Éloquence, est encore un de leurs dons naturels. L'amour et la guerre sont leurs thèmes préférés, presque toujours inspirés des Moallaca d'Antar, ce poète au cœur de héros, qui fut tout à la fois l'Homère et le Théocrite de l'Arabie. Leurs chants appartiennent, tantôt au genre lyrique, tantôt à l'épopée. Les principaux sont : le *sshadjé*, consacré à l'éloge des chefs ; le *hadou*, chant de guerre passionné comme le bardit des anciens clans germains et respirant comme lui la haine des ennemis, l'ivresse du carnage ; enfin dans une note plus douce, le langoureux *hadjein*, sérénade à la personne aimée.

La poésie chez ces nomades va rarement sans la musique. Ils aiment à improviser en s'accompagnant d'une sorte de guitare à deux cordes, la *rebaba*. Souvent même ils y joignent la danse. Celle qu'ils préfèrent par-dessus tout est un quadrille appelé *mesamer*. Quand se sont éteintes à l'horizon les dernières lueurs du soleil, quand sous la céleste coupole est apparue la radieuse armée des étoiles, jeunes gens et jeunes filles sortent des tentes, les rebabas font entendre leurs joyeux ronflements et le bal commence. Il dure souvent jusqu'à l'aurore. Et l'on

ne saurait imaginer le charme puissant qui se dégage de
ces réjouissances populaires, de ces bals de nuit du désert, semblables, avec leurs douces et trainantes mélopées,
leurs étranges chorégraphies et la blanche ondulation de
leurs farandoles, à ces rondes fantastiques de sylphes et
d'ondines que les ballades scandinaves nous montrent
effleurant, sous les blondes clartés de la Lune, la surface
des lacs de la Dalécarlie.

BIBLIOGRAPHIE.

Blunt (lady Anna). *Voyage en Arabie* (tr. Derôme), Paris, 1883
in-8 Hachette.

Burckhardt. *Travels in Arabia* (tr. Eyriès), Paris, 1835, 5 vol. in-8 .

Chateaubriand. *Itinéraire de Paris à Jérusalem.*

Damas (R. P. de). *Voyage en Terre-Sainte*, 5 vol. (1864-66).

Fresnel (Fulgence). *L'Arabie* (Revue des Deux-Mondes, janvier 1839
Journal asiatique, janvier 1871).

Gasparin (M. de). *Voyage au Levant*, 1 vol. in-12.·

Guarmani. *Itinéraire de Jérusalem au Nedjed* (Bulletin de la
Société de Géographie de Paris, 2ᵉ série, 1865).

Guérin (Victor). *La Terre-Sainte*, 1 vol. in-fol.

Halévy (Joseph). *Mission dans le Yémen* (Journal asiatique, janvier 1870).

Halévy (Joseph). *Voyage dans l'Arabie centrale* (Bulletin de la
Société de Géographie, 1884-85).

Halévy (Joseph). *Voyage au Nedjran* (Bulletin de la Société de
Géographie, 1873 et 1877).

Huber (Ch.). *Voyage dans l'Arabie centrale* (Bulletin de la Société
de Géographie, 1885).

Isambert. *Itinéraire en Orient : Syrie* (collection des Guides
Joanne, Hachette éd.).

Jomard. *Étude historique et géographie sur l'Arabie*, 1839.

Laborde (de). *Voyage dans l'Arabie Pétrée*, 1 vol. in-8, Paris,
F. Didot.

Lamartine (A. de). *Voyage en Orient.*

Laorty-Hadji (R. P.). *Voyage autour de la mer Morte*, gr. in-8,
1853.

Larrey (Baron). *Mémoire sur la constitution physique des Arabes*
(Comptes rendus de l'Ac. des Sciences, 1838).

Lortet (Dr). *La Syrie d'aujourd'hui*, 1 vol. in-fol. (Hachette éd.)

MALTZAN (VON). *Reise in der Kustengegend von Hedschas* (Leipzig, 1868, 2 vol. in-8).

MARZOILLIER. *Les Chevaux arabes de la Syrie.*

MILES et MUNSINGER. *Account of an excursion into the interior of Southern Arabia* (Soc. de Géog. de Londres, vol. XLI).

NIEBUHR. *Description de l'Arabie*, Paris, 1779, 2 vol. in-4.

PALGRAVE. *Une Année de voyage dans l'Arabie centrale* (tr. Jouveaux, 2 vol. in-8, 1881, Hachette éd.).

PALMER. *The Desert of the Tih*, London 1868, 1 vol. in-8.

PALMER. *The Desert of Exodus*, London 1871, 2 vol. in-8.

PERRON (Dr). *Institutions hippiques des Arabes.*

RENAN. *Vie de Jésus.*

REY (GUILL.). *Voyage au Haouran*, 3 vol. in-8.

SADLIER. *Journey from Katif to Yamboo* (London, 1819).

SÉGUR DUPERRON (DE). *La Syrie et les Bédouins* (Revue des Deux-Mondes).

TAMISIER. *Voyage en Arabie*, Paris 1840, 2 vol. in-8.

TRYSTRAM. *Faune et Flore de la Palestine* (Revue britannique).

UPTON (ROGER). *Les Bédouins du désert arabique* (Revue britannique).

VALLON. *Histoire naturelle du dromadaire*, 1 vol. in-8°.

VIGNES (LIEUTENANT). *Les Bédouins de l'Arabie* (Bulletin de la Soc. de Géographie de Paris, 1865).

VOGÜÉ (VICOMTE MELCHIOR DE). *Syrie-Palestine*, 1 vol. in-18.

WALLIN. *Deux Voyages dans l'intérieur de l'Arabie*, 1845-48. (*Journal of the royal Geograph. Soc. London*, vol. XX et XXIV).

WELLSTED. *Travels in Arabia* (London, 1838).

WETZSTEIN. *Nordarabien und die Syrische Wüste*, 1865.

WREDE (VON). *Reise in Hadramaout* (Brunswick, 1870, in-8).

DEUXIÈME PARTIE
LE DÉSERT EN AFRIQUE

CHAPITRE V
LES DÉSERTS D'ÉGYPTE.

§ 1. La vallée nilotique : le Nil et le désert. Division, au point de vue géologique des déserts égyptiens. 1° Le *désert arabique*, ses pétrifications, Les déserts de la Thébaïde : leurs richesses minérales, leurs souvenirs historiques, les grottes des premiers anachorètes. Vallées et routes de la Thébaïde. 2° Le *désert nubien* : particularités orographiques ; le djebel Goreibah, ou « montagne du Corbeau ». Les géodes. — L'Atmour : curieux aspect des montagnes. Le « fleuve sans eau ». 3° Le *désert lybique* : son origine et son état présumé aux temps préhistoriques. — § 2. Climatologie. « Le pays du Soleil ». Effets de la sécheresse. Le *ragle*, sa nature, ses effets. Les vents : le *khamsin*. Effets de la lumière, beauté des soirs.

> Loin, loin, toujours plus loin la mer morte des sables,
> S'étalait sans limite, et rien ne remuait
> Sur l'immobilité des flots infranchissables,
> Sous l'immobilité de l'air lourd et muet.
>
> (JEAN RICHEPIN : *le Roi des sables*).

§ 1.

Dès son entrée sur le continent africain, à quelques lieues au delà de la mer Rouge, la zone désertique est coupée dans toute sa largeur par un grand fleuve que bordent, à droite et à gauche, d'admirables cultures. Ce fleuve c'est le Nil, le divin Hâpi des anciens. Cette campagne où, dans l'or des moissons, s'enchâssent, ainsi que des émeraudes, les verdoyantes frondaisons des jardins, c'est le pays des Pharaons, c'est l'Égypte.

« L'Égypte, a dit Hérodote, est un présent du Nil. » Cette parole du père de l'histoire est restée, après vingt-quatre siècles écoulés, la rigoureuse expression de la vérité. Comme au temps de Toutmès et de Sésostris, de Cléopâtre et du barbare Amrou, toute la vie économique et sociale de cette contrée fameuse se trouve concentrée dans ce long et étroit espace où le Nil roule son limon fécondant. En dehors de la vallée nilotique, une fois franchie la double chaîne de montagnes qui l'encaisse, le sol est partout stérile et inhabitable, on ne trouve plus que le désert avec ses causses cailllouteuses et ses arènes mouvantes.

Ces immenses terres arides n'offrent pas partout les mêmes caractères géologiques ni la même configuration topographique. On a été ainsi amené à distinguer : le *désert arabique*, à l'est du Nil, le *désert nubien* au sud, le *désert lybique* à l'ouest.

Le *désert arabique* sépare le Nil de la mer Rouge ou golfe Arabique. De là sa dénomination. La région septen-trionale, voisine de la Méditerranée, porte les traces de violentes commotions survenues à l'époque préhistorique. Une lutte terrible a dû s'engager là entre l'eau et le feu, entre la mer et les volcans, ainsi qu'en témoignent les innombrables scories, les débris de laves, les pierres ponces, les grès pétrifiés, etc., que l'on trouve à chaque pas, mêlés aux graviers et aux coquillages. A 8 kilomètres environ du Caire, on peut voir encore une forêt pétrifiée qui s'étend sur plus d'une lieue carrée. Les arbres sont couchés en tous sens : la forme générale, l'embranche-ment, la couleur du bois, la structure de l'écorce n'ont subi aucune altération ; on a pu ainsi reconnaître parmi eux, des chênes, des sycomores et des dattiers. Plusieurs troncs atteignent jusqu'à 20 mètres de long, et la plupart attestent un long séjour sous des eaux douées de propriétés chimiques[1].

La mer a laissé d'autres vestiges de son invasion dans le bas désert arabique : la terre est tout imprégnée de sel qui remonte constamment à la surface sous forme d'efflorescence blanchâtre[2].

Plus au sud, à l'occident de Thèbes et d'Assouan, le désert arabique devient montueux. Sa surface est occupée par de vastes plateaux qui se soulèvent parfois en hautes montagnes, et qu'entaillent, de l'est à l'ouest, de larges « ouadis », jadis affluents du Nil, maintenant desséchés, et formant par leur réunion tantôt une vallée unique, tantôt une série de ravins reliés les uns aux autres par des passes faciles à franchir[3].

Nous sommes ici dans les fameux déserts de la Thébaïde, et nous pourrions ajouter, au pays idéal des *Mille et une nuits*. La célébrité dont cette terre a joui de toute antiquité est due principalement aux richesses minéralogiques répandues à profusion sous sa rude écorce de gravier. Le voyageur n'y trouve plus, il est vrai, près de la mer Rouge, ces mines d'or qui avaient fait donner par les Grecs au port de Bérénice le surnom de « παν χρυσος, tout d'or », et dont une carte sur papyrus, conservée au musée de Turin, révèle la disposition ainsi que le mode d'exploitation. Par contre, il y admirera ces carrières de granit rose, de syénite d'où sont sortis les sphinx, les

<hr>

1. Rozière : *Description de l'Égypte.*
2. Le P. Jullien : *Excursion au pays de Gessen* (Annales des Missions catholiques).
3. Schweinfurth. — L. Lepic.

obélisques et tous ces formidables monuments dont les stèles bigarrés d'hiéroglyphes jonchent les deux rives du Nil, depuis Thèbes et Philœ jusqu'à Boulak ; il y verra courir au flanc des rochers ces veines épaisses de porphyre rouge, de jaspe, de serpentine verte, d'albâtre à teinte jaune de miel, où Rome et Byzance ont taillé les colonnades, les vases, les innombrables statues destinées à embellir les palais des césars et les temples des dieux. Il y découvrira, disséminés dans la pâte des schistes et des argiles, les blocs de pierres fines, toutes ces variétés d'agate, calcédoines, onyx, cornalines et aventurines qui s'épanouissaient en mosaïques sur les parements et les murs de la villa d'Hadrien, ou du temple de la Fortune à Palestrina, et se transformaient, sous les doigts habiles des Evodus, des Dioscoride et autres illustres lithoglyphes de l'époque, en les merveilleux camées, les anneaux gravés, les scarabées, les grylles, les astrifères qui ornent aujourd'hui les collections de notre Louvre, de la bibliothèque Vaticane et du musée des Studj à Naples.

Au cœur même de la Thébaïde, se dresse un énorme massif de grès rouge, le djebel Zabarah, le *mons Smaragdus* des anciens Romains. Il devait cette dernière dénomination à ses mines d'émeraudes. On peut y suivre encore leurs galeries d'attaque et recueillir au milieu des filons de talc, de schiste et de mica noir qui sillonnent leurs parois, des gemmes de la plus belle eau.

D'autres produits minéraux de moindre importance se rencontrent en ces déserts. Au sud du djebel Zabarah, séparé de lui par cette région du Ghadyr si étrangement pittoresque avec ses amoncellements de feldspaths noirs et ses brèches multicolores, s'élève le djebel Kebryt : la montagne est recouverte en beaucoup d'endroits d'un épais manteau de pouzzolane, et elle renferme des soufrières qui pourraient rivaliser avec celles de la Sicile.

Enfin un peu partout apparaissent des gisements de muriate de soude, tantôt associé au calcaire, tantôt libre, et, dans ce dernier état, recherché comme aliment par les indigènes.

Le djebel Zebarah est célèbre à d'autres titres : il fut le berceau du monachisme. Une quarantaine de grottes s'ouvrent dans le roc. C'est là que, nouveaux troglodytes, vécurent les premiers anachorètes. C'est là que Mar-Bolor, plus connu sous le nom de saint Paul, ermite, vint se réfugier et s'adonner, loin de tout bruit mondain, à la vie pénitente et contemplative. C'est là que le grand saint Antoine éprouva, au milieu de toutes les austérités de l'ascétisme, ces tentations troublantes dont la plume ingénue des hagiographes du moyen âge nous a transmis le récit, devenu par la suite pour l'art profane la source d'une foule de légendes quelque peu hétérodoxes et parfois si comiquement irrévérencieuses. C'est là enfin que plus tard saint Pacôme et saint Macaire imposèrent aux colonies monastiques, volontairement groupées sous leur obédience, la première règle conventuelle qui substitua la vie cénobitique à la vie solitaire, et qu'ils fondèrent sous le vocable de leurs glorieux devanciers les couvents de Saint-Paul et de Saint-Antoine, aujourd'hui par conséquent les plus anciens du monde.

Les grottes subsistent toujours : ce sont de larges fissures naturelles, dues incontestablement à quelque convulsion terrestre antédiluvienne. Elles n'offrent d'ailleurs rien de bien curieux. Une humidité froide suinte à travers leurs parois rocheuses que ronge en partie la lèpre verdâtre des mousses et des fougères. Des voûtes tombent quelques stalactites aux limpidités cristallines. C'est tout; et l'on croirait, à les voir, que la nature ait approprié ces cavernes à leur pieuse destination, qu'elle ait cherché à réaliser ici le type parfait de la cellule claustrale, l'idéale demeure de la pauvreté évangélique, où le « Fils de l'Homme » ne trouverait même pas une pierre pour reposer sa tête....

Toutes les vallées qui coupent transversalement les plateaux de la Thébaïde forment autant de voies naturelles conduisant du Nil à la mer Rouge. Les deux principales sont : l'*ouadi Trumlat*, entre Suez et le Caire, et l'*ouadi Hammamat* ou vallée de Rohannou, qui relie Keneh à Kocéir. De toutes les routes du désert, celle-ci est la plus ancienne et la plus célèbre : elle traverse le riche district minier que nous avons décrit plus haut. Bien peu nombreux sont les voyageurs qui s'y hasardent aujourd'hui, car l'eau est extrêmement rare dans cette partie du désert. Cependant cette difficulté n'arrêtait pas les contemporains des Pharaons, d'Alexandre le Grand, et même des empereurs romains, si l'on en juge par les tours de garde et par les innombrables pétroglyphes récemment découverts sur les rochers qui bordent la vallée. De fait, l'ouadi Hammamat était fréquenté non seulement par des caravanes de négociants, mais par les carriers et les soldats qui venaient chercher des matériaux pour les cités riveraines du Nil. Car, lorsqu'on avait besoin pour certains objets de blocs d'une beauté et d'une durée spéciale, on envoyait une expédition avec mission de les extraire, de les tailler et de les embarquer[1]. Et si l'on songe qu'à l'époque le chameau n'existait pas encore en Égypte, qu'il fallait transporter les fardeaux sur des chariots attelés de bœufs

---

1. Ebers et Maspero : l'*Égypte*.

à travers monts et vallées, et les manœuvrer à bras d'homme,
pourvoir, au milieu d'un désert dénué de toute ressource,
à l'alimentation des ouvriers, on comprendra sans peine
les difficultés d'une telle entreprise.

Le désert arabique s'étend au delà des cataractes [de
Syène, sur la majeure partie de la Nubie ; il occupe tout
l'espace circonscrit par l'énorme coude que fait le Nil au
sortir des steppes soudaniens. Cette région, désignée par
les géographes européens sous le nom de *désert nubien*
ou de désert de Korosko, et par les indigènes sous celui
d' « Atmour », n'est pas moins accidentée que la Thébaïde
orientale ; sa surface est sillonnée par les contreforts de
la chaîne arabique.

Ces montagnes présentent une grande variété dans leur
structure et leur composition. Le granit prédomine : dans
le djebel Goreibah, ou montagne du Corbeau, il se présente sous forme de blocs monstrueux, atteignant au
minimum la grosseur de deux ou trois chameaux et
entassés les uns sur les autres dans un tel désordre qu'on
les croirait tombés des nues ou expulsés de terre par
quelque violente éruption. Les débris volcaniques à angle
vif, qui jonchent le sol aux alentours, rendent d'ailleurs
cette dernière hypothèse très vraisemblable.

Parmi les produits les plus bizarres de cette formation,
il faut signaler les *géodes* ; ce sont des pierres sphéroï-
dales de diamètre variable, vides à l'intérieur, ou ne ren-
fermant que des sables diversement colorés et agglomérés
en couches concentriques dont la dernière, à la péri-
phérie, est revêtue d'une pellicule ferrugineuse ex-
trèmemement dure. Elles ressemblent, dit M. Trémaux,
à des balles, à des biscaïens, à des boulets, et elles
parsèment le so en si grande quantité que des voyageurs avaient sérieusement proposé à l'ancien pacha

d'Égypte, Méhémet-Ali, d'en approvisionner les parcs d'artillerie.

D'autres formations montagneuses sont à base de schiste ; tel est le massif de Mourad que traverse la route de Korosko à Abou-Hamet. Il se divise en un grand nombre de petites éminences coniques, composées d'ardoises feuilletées verticalement, et dont les couleurs varient du gris perle au bleu tendre.

Mais c'est surtout dans la partie de l'Atmour voisine de Korosko que les révolutions du globe ont donné lieu aux plus singulières apparences. Dans l'intervalle des chaînons, le sol est hérissé de milliers de monticules isolés les uns des autres et dont la hauteur moyenne ne dépasse pas 20 mètres ; témoins irrécusables des bouleversements de la nature, de l'action des feux souterrains [1]. Tous sont formés par des couches horizontales de grès quartzeux recouvertes, en mainte place, de bandes de trapps noirs qui, de loin, donnent à l'ensemble du relief l'aspect d'un véritable tas de charbon [2]. De près, ils présentent les teintes les plus variées : tantôt ils sont verts ; jaunes, roses, bleus ; tantôt, par suite de l'abondance de l'oxyde de fer, ils prennent un magnifique ton vermillonné.

Autre particularité : leur masse n'accuse pas une égale densité dans toutes ses parties. Si certaines couches, solidement liées par une sorte de ciment argilo-ferrugineux, ne se laissent pas entamer par les agents atmosphériques, d'autres au contraire, de contexture très tendre, se désagrègent constamment. De cette constitution géologique résultent des effets très pittoresques. Ici c'est le sommet qui se délite ; les crêtes montagneuses affectent

1. De Bizemont. — V. Meignan.
2. Trémaux.

alors les plus étranges dispositions : elles dessinent des
tours, des pyramides, des silhouettes d'animaux. Là, c'est
sur les flancs escarpés de la butte que s'exerce l'action
destructive du climat; elle y produit une multitude de
saillies que l'imagination des indigènes transforme en
palais, en processions de guerriers, etc., ou bien, comme
dans l'El Magdouda, elle creuse, à travers les roches
friables, des jours qui laissent passer la lumière[1]. Ailleurs enfin, la base complètement minée se dérobe, entraî-
nant la chute des assises supérieures.

Quelques « tables » subsistent çà et là, qui ne tiennent
debout que par un miracle d'équilibre, et qui s'écroulent
à leur tour à la moindre vibration du sol ou de l'atmosphère.

Tous ces débris deviennent dès lors le jouet des courants aériens, qui peu à peu les triturent et les réduisent
en poussière. Mais là ne se borne pas le rôle des vents : à
leur faculté érosive s'ajoute celle de déplacer et de transporter les sables au loin. Quand souffle une brise un peu
forte, on voit les arènes quartzeuses s'élancer, comme
une vague écumante à l'assaut des bastions montagneux,
puis, couronnant un instant les crêtes d'une sorte de
fumée roussâtre, ruisseler en longues coulées sur la pente
opposée. Elles remplissent toutes les dépressions, toutes
les fissures des rochers et, s'accumulant dans les étroits
défilés qui serpentent autour des monticules, tantôt elles
en exhaussent et en nivellent le fond, tantôt même elles
se redressent aux gracieuses ondulations, tantôt enfin,
chassées à de grandes distances, elles s'étalent sur d'immenses espaces; et telle est l'origine de la plaine de sables
mouvants, située en plein désert nubien et désignée par

1. De Bizemont (ouv. cité).

les caravaniers sous le nom sinistre de « *Bahr belà mâ,
fleuve sans eau.* »

Du désert lybien nous dirons peu de chose. Bien qu'il
ait toujours été considéré comme dépendant géographi-
quement de l'Égypte, bien que les voyageurs modernes
lui aient assigné l'*ouadi-Farey*, « ravin-frontière »,
comme extrême limite à l'ouest, il fait en réalité partie
du Sahara dont nous devons donner une description détaillée dans le chapitre suivant et il en forme l'extrémité
orientale. Rappelons, d'ailleurs que, chez les auteurs anciens, le nom de *Lybie* désigne l'Afrique du Nord et particulièrement la région située au sud des chaînes bordières de la Grande-Syrte et de la mer Intérieure.

Ce désert est un plateau de calcaire nummulithique
hérissé de nombreuses saillies rocheuses. La roche se
montre rarement à nu. Tantôt elle est recouverte par des
sables quartzeux provenant de la désagrégation des montagnes et apportés jusqu'ici par les vents; tantôt elle est
parsemée de graviers, de cailloux arrondis et vernissés,
dont le tassement sur de vastes espaces constitue la formation appelée *serir* par les géologues. Chose curieuse!
ces pierres, qui ne sont certainement que les éclats des
roches calcaires brisées par suite des alternatives de la
température, sont toutes siliceuses. Zittel explique ce phénomène par une modification chimique dans la structure
intime de ces fragments, modification qui serait due elle-
même à l'incessante friction des sables mouvants du désert. Ainsi que nous le verrons plus loin, cette propriété
des molécules arénacées a été constatée sur plusieurs
points du grand désert africain. Ici elle s'accuse surtout
dans l'aspect des surfaces rocheuses rendues polies et luisantes comme des tables de marbre et dans la différence
de teintes que présentent les couches nummulithiques;

Désert de Lybic, mirage à l'horizon

celles qui s'étalent à fleur de sol ont une couleur bleuâtre presque métallique, tandis que celles du fond, soustraites au frottement des sables, conservent leur blancheur naturelle[1].

§ 2.

Le climat des déserts égyptiens est des plus insupportables. Comme dans toute la zone désertique, l'atmosphère y garde, pendant de longs mois, une sécheresse absolue. C'est ce qui explique, disons-le tout de suite, non seulement l'invraisemblable durée des monuments pharaoniques, mais encore, et bien mieux que tous les procédés d'embaumement et d'ensevelissement usités dans l'ancienne Égypte, ce parfait état de conservation dans lequel on a retrouvé des momies âgées de plusieurs siècles.

La terre n'est pas moins aride que le ciel. Les puits manquent; c'est à peine si l'on en compte trois entre Keneh et Kocéir. De l'autre côté du Nil, dans le désert lybien, Rolhfs a découvert quelques sources chaudes gisant sous le sable ardent des ouadis, mais leurs eaux très chargées de sulfate de soude sont imbuvables et la funèbre jonchée d'ossements qui déroule sa blancheur interminable sur la nudité rousse du désert, vers les montagnes tripolitaines, dit éloquemment les effroyables tragédies dont ce pays de la soif est souvent le théâtre.

Non moins redoutable, non moins sinistre est la traversée de l'Almour. Près de 700 lieues séparent Abou-Hamet de Korosko et sur ce long trajet il n'existe qu'un seul « point d'eau », une douzaine de puits groupés dans le massif de Mourad et alimentés par les pluies que la

1. E. Reclus. *Afrique septentrionale*

montagne reçoit à de lointains intervalles. Méhémet-Ali
a jadis fait pratiquer des sondages en plusieurs endroits,
espérant découvrir quelque nappe souterraine ; mais
toutes ces tentatives sont restées infructueuses, et dans
la crainte de trouver à l'aiguade une quantité d'eau in-
suffisante pour abreuver tout leur monde, les caravanes
un peu nombreuses, comme l'était celle de notre émi-
nent compatriote, M. Ferdinand de Lesseps, sont obli-
gées de se diviser en plusieurs sections et de ne se re-
joindre que tous les trois ou quatre jours. Le plus souvent
elles n'ont d'autre ressource que l'eau trouble des outres,
eau tellement échauffée et devenue si fétide au contact
du cuir mal tanné de ces récipients, que les chameaux
eux-mêmes la rejettent à plusieurs reprises avant de la
boire. Et cependant il faut bien se résigner à avaler cet
affreux viatique : si l'on hésite, c'est la mort à bref délai
et la plus horrible de toutes.

On est loin ici de cette romantique vallée du Nil qui
revit dans les tableaux de Frère et de Gérôme avec son
fleuve aux eaux rouges effleurées par les élégantes *daha-
biehs*, avec ses verdures fraîches, avec son ciel bleu rayé
par des vols circonflexes d'ibis roses. Ici, c'est le désert,
c'est le vrai pays du soleil, de ce soleil dont la primitive Égypte avait fait son Dieu suprême sous les noms
divers d'Ammon-Ra, d'Horus et d'Osiris. Ses autels sont
brisés, son culte est aboli, sa gloire religieuse s'est
éteinte sous le souffle glacé des modernes religions posi-
tives ; mais sa puissance est restée immuable, il règne
toujours en maître absolu sur les solitudes infinies du
vieux monde. Il est le bourreau des voyageurs aventurés
en ses domaines. A peine se montre-t-il à l'orient que le
supplice commence. L'atmosphère alourdie pèse aux
épaules comme une chape de plomb, la chaleur devient

accablante. Midi arrive ; tout flambe, tout scintille. « Le soleil n'est pas radieux, il est rutilant ; la terre n'est pas inondée des feux du jour elle en est dévorée[1]. » Dans le désert en flammes, la caravane chemine silencieuse, d'un mouvement automatique. De temps à autre un chameau fatigué ralentit le pas, repart sous les coups, puis s'arrête encore. Son œil est terne, à demi fermé. Une bave écumante sort de sa bouche lippue, ses jambes vacillantes refusent leur office, ses reins fléchissent sous la charge, il trébuche à chaque instant sur le sable brûlant que ses pieds de plus en plus lourds se refusent à soulever. Enfin épuisé, il tombe brusquement.... Il faut le laisser là. « Rien de plus émouvant que cet abandon d'un chameau au milieu du désert. La pauvre bête suit de l'œil la caravane qui s'enfuit. On croit lire une plainte dans son regard triste et doux[2]. » Il ne meurt pas tout de suite ; l'agonie est longue, épouvantable. Le soleil s'acharne sur sa victime avec une sorte de volupté cruelle ; il la brûle lentement, il en boit, il en hume goutte à goutte tous les sucs, tous les liquides organiques. Morte, il achève de la pénétrer de ses rayons, il la fouille à fond, il l'aspire par tous les pores. Ainsi desséchés, les cadavres ne pourrissent pas ; ils conservent leurs formes naturelles ; les chairs se réduisent graduellement en poussière, et la charpente osseuse seule subsiste, protégée par la peau racornie et à ce point tendue que les coups les plus violents ne peuvent la crever.

Hélas ! l'homme lui-même n'échappe pas toujours à cette horrible fin. Combien, parmi ces esclaves que la traite égyptienne ramène par troupeaux du Darfour et du Soudan, n'arrivent pas au terme de leur voyage ! Combien

1. Ampère. *Lettres sur la Haute-Égypte.*
2. Ferd. de Lesseps.

ont trouvé leur tombeau dans l'Atmour! Que de fois le passant heurte avec effroi le cadavre momifié de quelque malheureux nègre tombé là sous le fouet à nœuds du marchand d'ébène et gisant roulé, forme humaine sans pesanteur, dans le poudreux linceul du désert!

Aucune souffrance n'est d'ailleurs épargnée au voyageur. Tantôt il lui faut subir les assauts du vent du sud, du *khamsin* « cinquante », comme on l'appelle ici, parce que sa période d'action dure cinquante jours, avec son haleine de fournaise corrodant, boursouflant la peau et la pelant avec de vives cuissons[1]. Tantôt il se traîne suffoqué par la poussière, la gorge étranglée par une soif inextinguible, qu'aiguise encore les décevantes illusions des mirages qui se lèvent à chaque pas, de tous côtés, les yeux éblouis par les réverbérations des graviers sous la lumière violente, l'ouïe irritée par le vague bruissement des grains quartzeux qui se froissent sous les pieds, le cœur tenaillé par l'angoisse d'une catastrophe probable, tout son être frissonnant devant cette immensité morne et vide qui l'entoure, devant cette mer dont les flots phosphorescents se fondent à l'horizon dans les ondes vibrantes de l'éther surchauffé et s'étendent toujours, à l'infini.... Bientôt ses sens exaspérés s'émoussent, leurs perceptions deviennent confuses. Il ne distingue plus les objets. Sa pensée s'alourdit, une sorte d'ivresse semblable à celle que produisent l'éther et l'opium s'empare de son cerveau. C'est la fièvre du désert. C'est le *ragle*.

Le savant Jomard, membre de l'expédition d'Égypte et, après lui, le comte d'Escayrac de Lauture un de nos modernes explorateurs des solitudes nubiennes, ont longue-

____

1. Trémaux.

Le khamsin.

ment et minutieusement décrit cet état pathologique particulier, d'après des observations faites sur eux-mêmes au cours de leurs pérégrinations. Ils lui donnent pour cause l'excès de fatigue et de privations, notamment cette insomnie prolongée à laquelle se condamnent un grand membre de voyageurs forcés d'abréger la durée de leur traversée. Le ragle a lieu par accès brusques qui finissent aussitôt qu'on a pris un peu de repos, à peu près comme le mal de mer quand on a touché terre. Il se manifeste le jour comme la nuit. Il se caractérise par une sorte de somnambulisme dont les malades ont parfaitement conscience et dont ils ne peuvent se délivrer, par des hallucinations étranges qui affectent soit la vue, soit l'ouïe, souvent les deux à la fois. En temps de ragle, les pierres deviennent des rochers ou des édifices, les plantes des forêts touffues. La nuit, les ombres portées se transforment en précipices. Les objets placés verticalement paraissent plus élevés. Les surfaces horizontales se redressent : l'horizon peut ainsi figurer un mur ou une enceinte. Non seulement le ragle grossit, amplifie les objets, mais il les rapproche, les images ne paraissent pas être éloignées de plus de 50 centimètres à 1 mètre. « Il m'est arrivé, dit M. d'Escayrac de Lauture, de traverser des murailles, mon bras allongé plongeait dans la maçonnerie, mon corps ne les rencontrait jamais; elles s'ouvraient pour me livrer passage. » Parfois l'œil, tout grand ouvert, ne peut distinguer l'objet le plus rapproché. On peut connaître la route, l'avoir suivie mille fois et ne pas la voir où elle est, ou la voir distinctement où elle n'est pas. Un guide en proie au ragle peut donc égarer une caravane.

Quant aux aberrations de l'ouïe elles atteignent surtout le voyageur à jeun. Un bruit quelconque, le choc d'un

caillou par exemple, devient un chant mélodieux, un cri
de détresse, un roulement de tonnerre.

Tout n'est cependant pas tristesse et souffrance dans
ces longues chevauchées à travers les arides solitudes
circumnilotiques. Horus est un dieu à double visage, tour
à tour cruel et aimable. C'est en plein jour le dieu de la
chaleur, l'implacable tortionnaire qui se plaît à cribler de
ses flèches brûlantes le « pâle troupeau des humains »;
mais le soir et le matin, c'est avant tout le dieu de la
lumière.

Des lueurs exquises, d'un éclat et d'une pureté ignorés
de nos climats embrumés du Nord, envahissant l'orient,
annoncent la venue d'Osiris. Inoubliable féerie dont la
magnificence laisse bien loin derrière elle l'apparition
tant vantée de l'aube naissante empourprant les neiges
éternelles des cimes alpestres, et dont la longue contemplation inspira au maître Félicien David sa fameuse page
en *la* naturel, restée un des chefs-d'œuvre du romantisme
musical :

> Des teintes rosés de l'aurore
> La base des cieux se colore,
> L'astre du jour
> Rayonne tout à coup comme un hymne sonore
> Et remplit le désert de lumière et d'amour.

Le soir ramène les splendeurs matutinales. Tout le
haut de la céleste coupole est bleu, de ce bleu d'indigo
qui s'étale avec une telle crudité sur les toiles des
maîtres de notre moderne école orientaliste, ce pendant
qu'autour du soleil déclinant s'ouvre un gigantesque
éventail de rayons parfaitement divisés, bien qu'harmo-
nieusement fondus par teintes successives et dégradées,
allant du vert d'émeraude au mauve le plus tendre. Peu
à peu le disque solaire s'abaisse et bientôt il disparaît,

immense meule de fer rouge, derrière l'horizon embrasé
de vapeurs ardentes. Elles pâlissent, puis s'évanouissent à
leur tour. Alors tout l'occident s'emplit d'une lumière
blanche et pure comme celle qui doit briller au delà des
limites de notre atmosphère. Dans l'air diaphane, d'une
transparence et d'une douceur admirables, les irrégula-
rités du sol, les contours des moindres objets, les lu-
mières et les ombres, tout revêt des formes tranchées,
tout se dessine avec une netteté prodigieuse, comme dé-
coupé à l'emporte-pièce. C'est là un spectacle unique au
monde et tel que le désert peut seul en offrir. Mais comme
le dit un de nos récents voyageurs en Égypte, M. Lepic,
pour produire toutes ces fantasmagories aériennes, ces
éblouissantes méridiennes, ces apothéoses crépusculaires,
il faut l'infini des grandes plaines miroitantes, il faut les
émanations des sables braisillants, les irradiations vibrantes des rochers dénudés, des pierres cuites et recui-
tes sans trève de l'aurore au soir, par l'incandescence
des soleils enragés.

BIBLIOGRAPHIE.

Ampère. *Voyage dans la Haute-Égypte et en Nubie*, 1876.
Bizemont (Vte de). *Voyage dans le désert nubien* (Bulletin de la
Société de Géographie, 1871).
Blanc (Ch.) *Voyage dans la Haute-Égypte*, 1876.
Brugsh. *La Grande oasis* (Bulletin de l'Institut Égyptien, 1875).
Burckardt. *Travels in Nubia*.
Caldavène (De). *L'Égypte et la Nubie*.
Cailliaud. *Voyage dans les déserts de la Thébaïde*, 1822.
Cailliaud. *Voyage à Meroë*
Champollion-Figeac. *Lettres écrites d'Égypte*, 1868.
Didier (Ch.). *Cinquante jours au désert*. 1 vol. in-18, 1857. (Ha-
chette éd.).
Ebers (G.). *L'Égypte* (trad. Maspero) 1881.
Escayrac de Lauture. *Le désert et le Soudan* (Bulletin de la So-
ciété de Géographie, 1855).

GORDON (G^{al}). *Voyage sur le Haut-Nil* (Bulletin de la Société de Géographie 1875).

GORDON (G^{al}). *Les Deux-Nils.* 1 vol. in-12, 1886.

HORNEMANN. *Du Caire à Mourrouk* (trad. Griffet de la Baume).

JORET (HENRI). *Le Dattier* (Le Naturaliste, 1889).

JULLIEN (LE R. P.) *Excursion dans le désert de la Basse-Thébaïde* (Annales des Missions catholiques, 1885).

KERCHOVE (O. DE). *Les palmiers.*

LACOUR (RAOUL). *L'Égypte, d'Alexandrie à la seconde cataracte,* 1871.

LEJEAN (G.). *Voyage aux deux Nils* (Revue des Deux-Mondes, 1862-65-70).

LEPIC (L.). *Les déserts d'Égypte* (Figaro, suppl. littéraire du 17 juin 1882).

LESSEPS (FERD. DE). *Souvenirs d'un voyage au Soudan* (Nouvelle-Revue. Février 1884).

MEIGNAN (VICTOR). *Souvenirs de la Haute-Égypte et de la Nubie,* 1873.

PHARAON (FLORIAN). *L'Égypte.*

PONCHET (G.). *Dongolah et la Nubie.*

RECLUS (ÉL.). *Voyage dans la Haute-Égypte* (Revue de philosophie positive, 1870).

ROLHFS (GÉRARD). *Rapport sur le voyage de Bengazi à l'oasis de Jupiter Ammon.*

ROZIÈRE. *Description de l'Égypte.*

SCHWEINFURTH (D^r). *Voyage dans les déserts de la Thébaïde* (Bulletin de la Société de Géographie, 1874 et 1876).

SCHWEINFURTH (D^r). *Notice sur la grande oasis du désert lybien* (Bulletin de la Société de Géographie, 1874).

TAYLOR (BARON) ET RAYBAUD. *L'Égypte.*

TISSEYRE (D^r). *Étude sur la vipère cornue.*

TRÉMAUX. *Voyage au Soudan oriental* (Tour du Monde, 1866).

CHAPITRE VI

LE SAHARA.

§ 1. GÉOGRAPHIE. Étymologie du mot « *Sahara* ». Le grand désert : ses bornes, son étendue. Le Sahara des légendes. Le vrai Sahara. — ONOGRAPHIE. L'Atlas ; l'Adrar, le plateau central : les Alpes Sahariennes. Montagnes du Hoggar : leurs volcans éteints, leurs émeraudes. Montagnes du Tibesti : les merveilles de la Meroudja. — HYDROGRAPHIE. Les *oueds* Versant méditerranéen : l'o. Mya, l'o. Igharghar, l'o. Rhir ; versant atlantique : l'o. Guir. — § 2. GÉOLOGIE. 1° Les déserts de pierre ou région des plateaux ; les *hamadas* : leur caractère général ; leurs divers types, h. dévoniennes : les Tassili, les *gour;* la Hamada-el-Homra, h. crétacées : la Chebka, les *kantras.* 2° Les déserts de sable : Région des atterrissements, ses cristallisations, les « pousses de terre » ; les *dayas,* les *chotts,* les *sebkas.* Région des dunes ou de l'Erg : Mode de groupement des grandes dunes. Leurs formes particulières, leur composition lithologique, leur beauté, leur origine. Les alluvions aériennes, leur mobilité : les dunes fixes ; les dunes mouvantes ou *ghouroud.* Effets des sables mouvants : les sculptures des gour ; la musique des areg Genèse du grand désert. Le Sahara est-il une ancienne mer? Étude chimique des dépôts salins ; étude topographique de la région des chotts. Paléontologie saharienne. Le Sahara préhistorique : l'Période antédiluvienne ; naissance du Ahaggar et des hamadas. Période quaternaire ; formation des oueds, des atterrissements et des chotts. Causes de la grandeur et de la décadence du Sahara. — § 3. CLIMATOLOGIE. La température en été : Phénomènes thermiques ; le *sammá :* Vents continentaux le *chergui,* le *chihili,* le *qábli* ou simoun ; Vents marins ou *bahhari.* Phénomènes électriques. La température en hiver : les froids nocturnes ; la neige au Sahara. La lumière. Phénomènes optiques : le mirage. Le ciel du désert. Beauté spéciale du Sahara.

Pour la première fois voyant la mer à Bône,
Un bédouin du désert, venu d'El Kantara,
Comparait cet azur à l'immensité jaune
Que piquent de points blancs Tuggurt et Biskra.

THÉOPHILE GAUTIER : (*Émaux et Camées*)

§ 1.

D'après M. Henri Duveyrier, l'un des plus célèbres explorateurs de l'Afrique du Nord, le mot *Sahara* désignerait « une grande plaine déserte, un pays de pâture » par opposition à celui de Tell, dérivé du latin *tellus* pays de labour. Mais en réalité, comme avec juste raison le fait observer notre grand géographe Élisée Reclus, ce terme « Sahara » n'a pas de valeur précise. C'est une simple expression géographique applicable à l'extrême occident de la zone désertique, à cette bande de terres arides qui prolonge les solitudes libyennes jusqu'à l'Atlantique et sépare les hauts plateaux de la Berbérie au Nord, c'est-à-dire le Maroc, l'Algérie, la Tunisie et la Tripolitaine, des fertiles régions de la Senégambie et du Soudan au Sud. Toutefois il est d'usage de considérer le Sahara comme une partie bien définie de cette zone et de lui assigner comme limite orientale une ligne passant par le 20e degré de latitude septentrionale.

La longueur de cet immense rectangle est évaluée à 5000 kilomètres, sa largeur à près de 2000 kilomètres et sa superficie à 631 millions d'hectares, soit les deux tiers de celle de l'Europe et douze fois environ celle de la France. C'est le plus vaste désert qu'il y ait sur notre globe.

C'est aussi celui dont la constitution a donné lieu aux idées les plus erronées. Pays de mystères et de légendes, le Grand-Désert a pendant longtemps surexcité l'imagination des littérateurs et des artistes, qui ne l'ayant jamais vu que du fond de leur cabinet ou de leur atelier se sont plu à nous en faire les tableaux les plus fantaisistes. Chacun, suivant son tour d'esprit, revêt cet Inconnu des teintes les plus sombres ou les plus brillantes, et interprète de façon différente la troublante énigme proposée par le sphinx africain à la curiosité des peuples du Nord. Certains, qui en sont restés aux descriptions de Buffon, se figurent un océan de sable, parsemé, « comme la peau

d'une panthère », de taches noires qui sont des oasis.
D'autres, encore sous le charme des mélodieuses canti-
lènes de Félicien David, rêvent, comme en Arabie, une
immense nappe blonde où se profilent sur le ciel em-
pourpré du soir de longues caravanes de chameaux entourées par des Bédouins au burnous flottant, où dans la
nuit tiède et claire, toute fleurdelisée d'étoiles d'or,
monte le puissant arôme de la nature tropicale, tandis
que « la lune éclatante vogue sans bruit » versant au
voyageur endormi l'incantation magique des songes vo-
luptueux.

« Mon Sahara, écrit un de nos plus brillants ingénieurs, M. Choisy, était une grande plaine brûlante couverte de sable mouvant que le simoun agite, qui retentit
au loin du rugissement des lions et que traversent des
bandes d'Arabes montés sur leurs chevaux sauvages. Ce
Sahara des légendes m'avait charmé tout enfant : je lui
conservais ce bon et crédule souvenir que l'on aime à
garder pour de vieilles illusions, mais à part moi je
n'étais qu'à demi convaincu, et plus d'une fois je m'étais
pris à me demander s'il est bien vrai que le désert existe,
lorsque pour dissiper mes doutes le chemin de fer
transsaharien vint fort à propos me transporter en plein
Sahara. Trois mois entiers je dus vivre de la vie de caravane, sans cesse entouré d'Arabes du Sud, sans autre
perspective que celle du désert. Toute une révolution
s'opéra dans mon esprit en ces trois mois. Le Sahara pays
plat? Quels beaux ravins à pic j'y ai gravis! Un ciel de
feu? On gèle rien qu'en pensant à certaines nuits du
désert. Du sable? j'ai marché de longues journées sans
trouver de quoi sécher une lettre[1].... »

1. Choisy. *Le Sahara.* Vol. in-18, 1882.

Ce qui a surtout contribué à entretenir ce préjugé populaire que M. Choisy expose et combat avec tant d'humour, c'est que plusieurs explorateurs avaient représenté le Grand-Désert comme un lit de mer fraîchement exondé. Mais, ainsi que nous allons le voir, la configuration extérieure et la constitution du sol infirment cette théorie.

D'abord le Sahara n'est pas une plaine, mais un plateau très accidenté dont le niveau général bien supérieur à celui de la mer aurait, d'après le docteur allemand Zittel, une altitude moyenne de 350 mètres. Ce plateau, de structure très variée, est couvert de hautes montagnes d'où s'épanchent en tous sens de longues vallées sèches, appelées *oueds*.

C'est d'abord la grande chaîne atlantique qui borde le Sahara au nord, courant de l'est à l'ouest sous les dénominations successives de monts Dakla, Djebel Zaghouan, monts des Nemencha, en Tunisie; d'Aurès, monts du Zab, monts des Ouled-Nayl, djebel Amour, monts des Ksour, en Algérie; et enfin de monts du Maroc, entre notre colonie et l'Océan. Puis plus au sud, à 400 kilomètres au nord du Sénégal, l'Adrar, énorme promontoire granitique dominant l'Océan de près d'un millier de mètres[1]. Au cœur même du désert il existe une région très pittoresque, une sorte de Nedjed africain, où revivent toutes les beautés de la nature alpestre, où s'élèvent des montagnes dont la cime altière se couronne de neiges trois mois de l'année, où l'on découvre des lacs bleus endormis au fond de combes verdoyantes, où l'on voit, comme dans les paysages virgiliens, la vigne enlacer ses sarments au tronc des figuiers, où dans l'épaisse frondaison des

1. Cl. Vincent. *L'Adrar* (Tour du Monde, 1861).

vergers, on entend le gazouillis des oiseaux mêlé au murmure grondeur des torrents.

Cette région, ce massif central, c'est le Hoggar ou plus correctement Ahaggar. Le caractère farouche de ses habitants, les Touareg, n'a permis encore à aucun Européen d'y pénétrer. Seuls, les membres de la première mission Flatters ont pu en contempler le versant septentrional. On sait cependant, d'après les renseignements fournis à M. Henri Duveyrier par les indigènes, que le Ahaggar est constitué par plusieurs plateaux étagés en terrasses occupant une surface totale de 110 à 115000 kilomètres carrés. Au centre, sur le gradin supérieur appelé par les Touareg « *Atakor-n-Ahaggar*, épine dorsale du Ahaggar », se dressent les plus hauts sommets de tout le massif, le mont Ouatellen au sud-est, et le mont Hikena au nord-ouest, qui ont l'un et l'autre près de 3000 mètres d'altitude. L'extrémité méridionale est marquée par le mont El Aghil ; l'extrémité nord par le mont Oudân, élevé de 2000 mètres et qui se profile à l'horizon « comme une cheminée d'usine sur un socle gigantesque[1] ». Le Ahaggar se prolonge par une série de plateaux jusqu'aux montagnes de l'Aïr on d'Asben au sud, jusqu'à celles du Tibesti vers le sud-est.

L'aspect de tout ce pays témoigne de bouleversements considérables dûs à l'action des feux souterrains : elle se révèle dans les exfoliations des gneiss et des micaschites, dans ces coulées de basalte et ces cailloux de lave roulée que M. l'ingénieur Roche a découverts sur les talus et au fond des vallées du versant septentrional[2], dans ces nombreux volcans éteints, dont les cratères béants se voient encore en maints endroits, et dont le puy d'Insokal peut

1. Mission Flatters (*Rapport Béringer*).
2. Mission Flatters (*Rapport Roche*).

être considéré comme le type le plus remarquable. Dans les entrailles de la montagne se trouvent des gisements d'émeraudes, que l'insouciance des habitants, ou peut-être leur ignorance des procédés d'extraction, laisse aujourd'hui inexploités, mais qui étaient célèbres dans l'antiquité. Les émeraudes du Hoggar étaient surtout très estimées des dames romaines pour la limpidité de leur eau : les dénudations exercées par les pluies torrentielles qui tombent au printemps détachent toujours un certain nombre de ces gemmes précieuses dont on peut ainsi admirer la beauté : quelques-unes atteignent la grosseur d'un œuf de pigeon[1].

Peut-être faut-il rapporter à la même cause naturelle, à l'influence de la chaleur centrale du globe, cette structure bizarre qui caractérise certains reliefs dans les montagnes du Tibesti, notamment dans le district de la Meroudja. « Les intumescences locales, dit le docteur Nachtigal, les Émis, prirent un aspect de plus en plus curieux. Ce n'étaient de tous côtés que coupoles, dômes, églises byzantines, amphithéâtres, mosquées, vieux castels où se mêlaient des constructions modernes de tous les styles. Ici on croyait voir surgir du sol comme un immense dos de chameau, là, la forme des roches figurait un hibou gigantesque; ailleurs sur une colonne isolée apparaissait une tête humaine. C'était surtout à la lumière fantastique du soir que ces caprices d'architecture titanique éveillaient les idées les plus singulières et enfantaient les plus incroyables visions ».

Parmi les vallées, les oueds qui sillonnent le Sahara, les unes descendent du nord au sud et appartiennent au versant de l'océan Atlantique, les autres se dirigent du

---

1. **Mission Flatters** (*Rapport général*). — Colonel Fulcrand (Atlas colonial : *le Sahara*).

sud au nord et dépendent du versant de la Méditerranée.

Ces dernières se réunissent dans deux artères principales : l'*oued Mya* et l'*oued Igharghar*, dont l'estuaire commun désigné sous le nom d'Oued-Rihr aboutit au Chott Melrir, à l'est du golfe de Gabès.

L'oued Mya, la « rivière aux cent affluents », descend du grand plateau de Tanezrouft ou de Tademayt situé au nord-ouest du Ahaggar. Très étroite dans la première partie de son parcours, la vallée de l'oued Mya s'élargit progressivement et finit par former une vaste plaine, la plaine d'Ouargla, large de plusieurs kilomètres et tapissée de sables salins mêlés de graviers. Au delà d'Ouargla, l'oued Mya ne présente plus qu'un chapelet de dépressions ovales, allongées bord à bord, et séparées par des seuils assez bas.

L'oued Igharghar prend naissance en plein Ahaggar, entre les monts Ouâtellen et Hikena. Son parcours total est de 1000 kilomètres, mais il est coupé en deux par l'abrupte muraille du plateau de Tinghert. Le bassin du haut Igharghar est entièrement montagneux : l'oued profondément encaissé entre des berges escarpées se transforme au moment de la fonte des neiges en un torrent impétueux que viennent grossir encore les eaux apportées par les vallées secondaires, entre autres par cette vallée des Ighargharen qui fut la dernière étape de la première mission Flatters, en 1882.

A partir du plateau de Tinghert, le caractère de l'oued Igharghar change du tout au tout. En effet dans cette partie de la vallée on ne trouve jamais d'eau courante, et le lit de ce fleuve éteint n'est plus tracé, comme celui de l'oued Mya inférieur, que par des séries discontinues de terres basses et de cuvettes sableuses.

Du Ahaggar tombent encore plusieurs oueds qui dépendaient autrefois du bassin du Niger : tel est l'oued Tafassasset qui, drainant le versant sud-est du massif, se jette dans le « fleuve noir » au-dessous de Tombouctou. A droite il reçoit le Tin-Tarabin, de sinistre mémoire : car c'est dans son lit qu'est creusé le puits, dit « Bir Gharama », près duquel Flatters et ses compagnons de la seconde mission périrent sous la lance des Touareg.

La principale vallée du versant de l'Atlantique est l'oued Guir, qui vient de l'Atlas marocain, et traverse toute la largeur du désert sous les noms successifs d'oued Messaoura, oued Messaoud, et oued Touat. L'oued Guir recevait jadis sur sa rive gauche plusieurs rivières, originaires de l'Atlas oranais, qui maintenant ne roulent plus d'eau qu'en temps de pluie et sont barrées par les sables avant d'arriver à leur débouché naturel. Ce sont de grandes gouttières qui se succèdent de l'ouest à l'est avec un remarquable parallélisme : les mieux connues sont l'oued Zousfana, l'oued Namous, l'oued Gharbi nés dans les montagnes des Ksour, l'oued Seggueur et l'oued Zergoun qui commencent au djebel Amour.

§ 2.

En dehors des vallées et des montagnes, le sol du Sahara est occupé, tantôt par des plateaux rocheux et dénudés, tantôt par des dunes, tantôt enfin par des terrains sableux et salifères. Ce sont, comme le fait observer M. Charles Martins, trois types de déserts qui, bien que très différents de forme et d'altitude, sont néanmoins remarquables par l'unité de leur origine et l'homogénéité de leur composition. Ils constituent, pour ainsi dire, autant de *facies* d'un même terrain, dont l'étude topographique et l'étude géologique sont, par suite, étroitement liées ensemble.

La plus étendue de ces trois régions naturelles est la *région des plateaux*, qui chez les nomades africains porte le nom spécial de *hamada* et comprend à elle seule près de la moitié du Sahara.

Vues de quelque point culminant et abstraction faite des détails, les hamadas présentent une série de surfaces lisses, horizontales à l'œil, mais en réalité faiblement inclinées sous des angles variables jusqu'à se fondre, au loin, en une immense plaine largement ondulée qui rappelle involontairement l'Océan[1]. C'est l'impression ressentie par les premières troupes françaises qui, franchissant les rides extrêmes de l'Aurès au col de Sfa, virent tout à coup se dérouler sous leurs yeux l'espace infini du Sahara. « La mer! la mer! » telle fut l'exclamation qui d'un bout à l'autre des rangs jaillit spontanément des lèvres de nos soldats.

C'est là le vrai désert, le sol dur par excellence, dont les bosses rugueuses et les rocailles aiguës déchirent le pied des montures, ou dont les dalles nues et polies renvoient comme une glace de métal les brûlants rayons du soleil à la face du voyageur. C'est la région désolée, rebelle à l'éclosion de toute vie, sans trace d'animaux, sans un brin d'herbe, sans une goutte d'eau, sans ressource aucune. C'est le « *Blad-el-Ateuch*, le *Blad-el-Kouf*, le pays de la Soif, le pays de la Peur » comme, en leur langage imagé, l'ont surnommé les Bédouins.

Les géologues distinguent deux classes de hamadas :

1. Rolland.

les h. calcaires ou h. d'âge crétacé et les h. gréseuses ou h. d'origine dévonienne.

On trouve ces dernières dans la partie du Sahara septentrional, voisines à la fois de l'Océan et de la frontière du Maroc. Mais elles dominent surtout dans le sud, où elles échelonnent leurs assises tout autour du Ahaggar. Elles sont découpées en massifs, en îlots distincts, qui nettement limités par des talus verticaux se dressent comme des forteresses naturelles au milieu du désert.

Leur surface rocheuse est couverte tantôt de *serir*, c'est-à-dire d'un semis de petits cailloux roulés et polis, de rognons multicolores appartenant aux diverses variétés de quartz, silex, agate, jaspe, etc [1], tantôt de blocs assez volumineux pour embarrasser la marche des caravanes. Elle est entaillée par des brisures rectilignes qui forment autant de vallées, de larges et profonds couloirs dont le fond sableux se revêt d'une végétation plus ou moins abondante. Les h. dévoniennes les mieux caractérisées sont la *Hamada-el-Homra* et le *Tassili*, mot dont la signification dans le dialecte berbère répond exactement à celle de hamada dans la bouche des Arabes.

Il existe en réalité deux Tassili : le Tassili des Azhadj ou du sud, appelé ainsi de sa situation par rapport au massif du Ahâggar, et le Tassili du nord ou des Azdger qui doit son appellation au voisinage de l'une des quatre grandes tribus touareg. Le premier de ces plateaux possède une telle réputation d'aridité qu'il ne s'est pas encore trouvé de voyageur assez audacieux pour en tenter la traversée. Les indigènes eux-mêmes ne le connaissent pas.

---

1. Dr Lenz. *Voyage à Tombouctou et au Maroc*, II, 384 — Nachtigal.

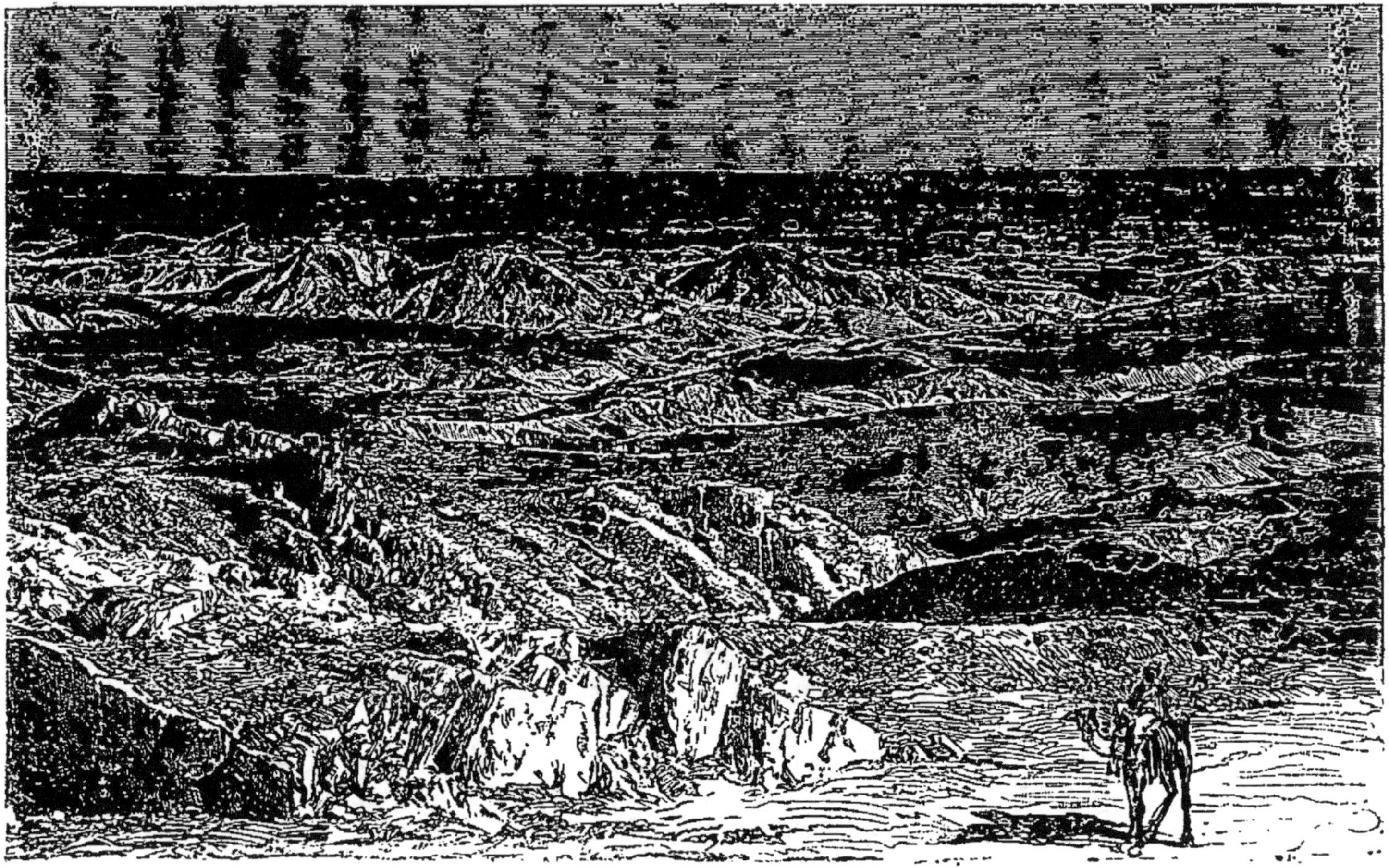

Le Sahara. — Vue prise du col de Sfa, au nord-ouest de Biskra.

Dans leurs pérégrinations, ils font des détours considérables pour l'éviter et n'osent même pas s'y aventurer à la recherche de leurs chameaux égarés, qui bientôt périssent ou redeviennent sauvages [1].

Le Tassili des Azdger, le *mons ater* de Pline n'est pas moins attristant, ni moins stérile que son homonyme du sud. C'est un immense gradin rectangulaire de 500 kilomètres de long sur 150 de largeur moyenne, isolé de tous côtés par des murailles à pic et projetant vers le nord une sorte de jetée bordée à l'ouest par le fossé de l'Igharghar, à l'est, par le verdoyant vallon des Ighargharen.

Il est constitué par des grès quartzeux, très durs, dont l'extérieur est noir et la cassure blanche. « Son aspect dit M. Béringer, est des plus désolés. Aussi loin que la vue peut porter on n'aperçoit qu'un sol noir, aride, corrodé et usé par le soleil, la pluie et le vent, tantôt fendillé par larges plaques, tantôt réduit à l'état de pierrailles. Bien au loin, à des distances que l'œil ne peut exactement apprécier, car tout point de comparaison lui manque, émerge, par ci par là, une dune. C'est le désert de la hamada dans toute sa monotonie [2]. »

Cependant sa surface ne conserve pas toujours son horizontalité et se soulève en mamelons rocheux que domine le puy d'Insokal. On cite un endroit, appelé Takarahet, où le plateau, affouillé, raviné en tout sens par les intempéries, apparaît sillonné de larges crevasses entre lesquelles se dressent, distribués sans ordres et isolés les uns des autres, d'énormes rochers de grès siliceux. Les uns, tout droit plantés et grossièrement équarris sur toutes les faces rappellent ces vieux menhirs gaulois découpant leur rude

1. Duveyrier. *Les Touareg du Nord.*
2. Mission Flatters. (*Rapports Roche et Béringer*, p. 83.)

silhouette sur nos landes bretonnes, aux environs de Karnak ou de Locmariaker, les autres ressemblent à de gigantesques champignons pétrifiés, avec leur large chapeau tenu en équilibre sur un piédestal très étroit, mais assez haut toutefois pour qu'un cavalier en selle puisse aisément circuler sous le plateau inférieur.

Ces pierres bizarres ont un nom : on les appelle des *gour* (au singulier *gara*) c'est-à-dire « témoins ». Ce sont en effet les restes du sol primitif, dénivelé par les érosions des agents atmosphériques qui, en respectant la calotte siliceuse du rocher, trop dure pour pouvoir être entamée, ont rongé les assises inférieures presque toujours gypseuses et par suite très friables. Ces curiosités géologiques ne sont pas d'ailleurs particulières aux hamadas gréseuses ; on les retrouve et en bien plus grand nombre dans les hamadas crétacées, ainsi que nous le verrons tout à l'heure.

Dans le Sahara oriental, immédiatement au-dessous et au nord-est du Tassili des Azdger s'étend la *Hamada el Homra* ou « Grand plateau rouge », ainsi appelée de la couleur ocreuse des débris qui la parsèment et si célèbre du temps des Romains sous le nom de « *caput saxi*, tête de la montagne ». C'est, comme les deux plateaux que nous venons de décrire un pays frappé de mort. La puce elle-même ne peut y vivre et les oiseaux, retenus par une crainte instinctive, se risquent rarement à la traverser. Aussi là, comme en mer, leur apparition annonce-t-elle le voisinage d'une terre habitée.

Après les hamadas gréseuses viennent, par rang d'âge, les hamadas crétacées. Le plateau de Tinghert c'est-à-dire de la pierre à chaux, et le Tanezrouff, berceau de l'O. Mya, appartiennent à cette seconde catégorie de plateaux. Mais la plus remarquable des hamadas calcaires est celle qui

constitue le territoire du Mzab, au sud de la province
d'Alger, et sépare le bassin du Chott Melrir de celui de l'O.
Guir. Les Arabes l'ont surnommée « la *Chebka* », c'est-à-
dire le réseau, le filet, parce que les innombrables ravines
qui déchirent sa surface ressemblent, avec l'entrecroise-
ment de leurs ramifications, aux mailles d'un gigantesque
filet étendu sur le sol [1].

Ajoutons que les hamadas calcaires se terminent brusquement par des falaises aussi escarpées que celles des
plateaux dévoniens, avec des rebords dentelés et couron-
nés de *kef* ou rochers saillants. La vallée moyenne de
l'Oued-Mya apparaît ainsi encaissée entre deux murailles
à pic dont la corniche est toute hérissée de pitons
qui, alignés les uns auprès des autres, donnent, suivant l'expression de M. Largeau, l'illusion d'un jeu de
quilles.

Le sable, avons-nous dit, se présente au Sahara sous
deux formes distinctes : tantôt il s'amoncelle en dunes,
tantôt il occupe de vastes surfaces en contre-bas des
plateaux. De là deux nouveaux types de régions naturelles : la *région des dunes* dans le Sahara central et la
région des atterrissements dans le Sahara algérien et
marocain.

Cette dernière région est une plaine ridée que l'on
peut comparer à une plage de sable après un jour de
grand vent. Elle est couverte d'une épaisse couche d'al-
luvion dans laquelle de profondes érosions permettent
de reconnaître trois étages constitués, le premier par des
sables grossiers mêlés de cailloux roulés, le second par
des sables quartzeux de petite dimension et soudés par
une sorte de ciment gypso-calcaire, le troisième par de

---

1. Rolland, (*Bulletin de la Société de Géographie*, 1886.)

l'immensité du Sahara, la région des grandes dunes ou *Areg* (sing. *Erg*), est celle qui reproduit le plus exactement cet aspect d'océan sablonneux sous lequel l'imagination populaire se plaît à concevoir le désert. Les Areg offrent en effet une série de chaînes rectilignes, parallèles et distinctes, orientées de l'est à l'ouest, et qui, s'élevant les unes derrière les autres à l'infini, apparaissent, vues de haut avec leurs crêtes dentelées et leurs lédes profondés, comme les flots d'une mer en courroux soudainement figée.

Cependant ces vallées longitudinales intermédiaires, ces lédes, sont fréquemment barrées par des chaînons secondaires ou dunes élémentaires qui, s'enchevêtrant les uns dans les autres, constituent de gigantesques massifs séparés transversalement par des ressauts du sol sousjacent, par des bandes rocheuses de hamada.

On compte ainsi quatre principaux groupes de dunes, tous situés dans le Sahara central où ils forment un demi-cercle ayant sa convexité tournée vers le nord. C'est d'abord au sud-ouest une large zone à laquelle les Berbères marocains et sénégaliens ont donné le nom d'*Iguidi*. Elle se continue vers l'est par les déserts de l'*Erg*, appelés ainsi des « veines, *areg* » que dessinent les reliefs aréneux. On distingue : l'*Erg occidental*, compris entre l'oued Messaoura et les hautes terres crayeuses qui dominent l'oued Mya, et l'*Erg oriental* qui s'étend entre la vallée de l'Igharghar et la Hamada-el-Homra. Enfin au sudest de ce dernier plateau se trouve le groupe de l'*Edeyen*, qui s'allonge sur un espace de huit cents kilomètres et dont la signification répond à celle de « montagnes de sable », dans l'idiome targui.

La largeur de ces massifs varie : elle est de cent lieues dans l'Erg oriental, de cinquante lieues dans l'Erg occidental, de vingt seulement dans l'Edeyen. Il en est de même de leur altitude : certaines dunes élémentaires se réduisent à des tertres de un à trois mètres au plus ; mais les grandes dunes s'élèvent rarement à moins de cent mètres [1].

Les dunes du Sahara se caractérisent par l'unité de leur composition et par la régularité géométrique de leur configuration extérieure. Sous ce dernier rapport elles ne diffèrent pas, individuellement, de nos dunes landaises. Ce sont toujours des monticules semblables, de face, aux anciens bonnets de police de nos soldats, c'est-à-dire à un rectangle très allongé. De profil elles présentent une pente douce du côté d'où vient le vent, puis du côté opposé un talus escarpé légèrement concave, et à l'intersection des deux surfaces une arête courbée en croissant. Le sable, poussé par le vent, remonte la déclivité jusqu'au sommet et vient retomber de l'autre côté au pied du talus. De là cette concavité de la paroi postérieure.

Toutes les chaînes d'areg ne reproduisent cependant pas le type caractéristique, la forme trapézoïdale de la dune ordinaire. En effleurant leur surface le vent en altère les contours et donne à leur orographie un aspect varié souvent très bizarre. On distingue ainsi les *zemla*, dunes allongées en dos d'âne, les *oughroud*, arrondies en dômes, les *siouf*, taillées en lames de sabre [2].

A cette étrange beauté des lignes les grandes dunes ajoutent celles de la couleur. Ce ne sont plus là en effet ces sables grossiers d'une pâleur terne, encroutés de gypse et mêlés de gravier qui recouvrent les sols alluvionnaires,

---

1. Rolland. *Bulletin de la Société de Géographie de Paris* (2ᵉ trimestre, 1886). — Léon Teisserenc de Bort. *Note inédite.* (Séance du congrès des sociétés savantes, 3 juin 1887).

2. Duveyrier.

mais de fines arènes cristallines et fluides dont les grains
anguleux, dégagés de toute gangue terreuse et lavés
plusieurs fois par les pluies, apparaissent dans leur pureté native, nuancés de jaune par des traces ferrugi-
neuses et prenant en masse une teinte orangée d'un éclat
incomparable sous la rayonnante lumière du soleil
africain [1].

La vue générale des areg offre dès lors, on le conçoit,
un des spectacles les plus grandioses que l'imagination
puisse rêver. Tous les voyageurs célèbrent à l'envi la ma-
jesté de ces montagnes de sable, leurs cimes nettement
profilées sur l'azur du ciel, tantôt en courbes gracieuses
comme le galbe souple d'une amphore de Tanagra, tantôt
en arêtes vives comme le fil pur d'un glaive, leur masse
blonde aux coulées d'or frissonnant, coupées de grandes
ombres noires, le jour, par le contraste des pentes violemment éclairées ; bleuâtres, le soir, avec des reflets
d'améthyste quand vient s'y fondre la lueur rosée du cré-
puscule.

On comprend également que l'origine de ces superbes
amoncellements ait surexcité la curiosité des géologues
et qu'un aussi difficile problème ait reçu diverses solutions. Quelques-uns, imaginant une mer dont les flots,
après avoir entièrement recouvert le Sahara à l'époque
diluvienne, auraient disparu à la suite d'un exhaussement
récent du sol, considèrent les dunes comme le produit
de la dénudation du lai mis à sec [2]. D'autres, au contraire,
pensent que les dunes résultent de la désagrégation sur
place de plateaux calcaires préexistants, dont chaque grain

1. Thoulet. (*Comptes rendus de l'Académie des sciences*, 1883.)
2 Martins. *Revue des Deux-Mondes*, 1864. — Ville. *Bulletin de la
Société de Géologie.* — Bourguignat. *Malacologie de l'Algérie.*

de sable serait un atome, désagrégation opérée sous l'influence des agents atmosphériques, de la température aussi glaciale pendant le jour que brûlante pendant la nuit, des pluies, rares en ces régions, mais torrentielles quand elles tombent, enfin des grands vents du désert qui disloquent et réduisent en poussière, sous leur souffle impétueux, les gour déjà déséquilibrés par suite des variations thermiques et de l'humidité[1]. Certains voyageurs ajoutent à cette faculté érosive du vent celle de transporter à de grandes distances les éboulis qu'il a pulvérisés[2]. Mais le système le plus rationnel à notre avis est celui qui, déduit logiquement du précédent, place le foyer d'alimentation des grandes dunes dans les atterrissements sablo-quartzeux des bassins quaternaires.

D'après cette théorie, mise en lumière par M. Rolland[3], le vent commence par débarrasser les grains de quartz de la croûte gypseuse qui les enrobe. Puis il les trie, il les classe, laissant les gros en place et chassant les fins devant lui à la surface du désert, jusqu'à ce qu'une touffe de plantes ou un accident topographique quelconque les force à s'arrêter, puis à s'amonceler. C'est ainsi que, grain par grain, s'élèvent les areg, et de là provient le surnom d' « alluvions aériennes » qu'on leur attribue parfois.

Plusieurs explorateurs ont refusé au vent non seulement toute puissance de transport, mais encore toute action destructive. Cependant cette dernière est indéniable : les preuves en sont écrites, burinées sur le sol même du désert, et elle est due précisément aux sables que les

---

1. Pomel. *Géologie du Sahara.* — Vatonne. *Mission de Ghadamès.* — Cap. Parisot. *La région entre Ouargla et El Goléa.*
2. V. Largeau. *Le Sahara algérien.* — P. Marès.
3. Rolland. *Les Grandes dunes du Sahara.* (*Revue scientifique.*) —

courants aériens entraînent avec eux. C'est le sable en effet qui, roulant à la surface des hamadas, lui a donné ce poli, ce glacis si brillant à l'œil, mais en même temps si dangereux pour les montures. C'est lui, le mystérieux artiste, qui a modelé les gigantesques champignons pétrifiés du Tassili des Azdger et gravé ces arabesques vermiculaires, vrais chefs-d'œuvre de glyptique, que l'on admire sur un grand nombre de silex épars au milieu des terrains alluvionnaires du Sahara septentrional. C'est lui qui a creusé au flanc de certains « témoins » ces larges et profonds sillons observés par Vatonne aux environs de Ghadamès, par M. Rolland sur les falaises de l'Oued Rihr et les parements de la gara Krima, au sud d'Ouargla. C'est lui qui a sculpté sur les murailles de ces monuments naturels du désert tous ces étranges bas-reliefs rappelant, avec l'inextricable réseau de leurs nervures, les moucharabys fouillés à miracle du palais des sultans ou ces merveilleuses broderies que l'art gothique a jetées sur la robe blanche de nos églises du moyen âge.

La mobilité des dunes du grand désert a, comme leur origine, donné lieu à bien des opinions contradictoires. La vérité est que les dunes élémentaires, c'est-à-dire les dunes isolées en formation dans l'intérieur des massifs, peuvent se déplacer sous le souffle prolongé des courants aériens. Aussi ont-elles reçu des Arabes l'appellation de « *ghouroud*, dunes mouvantes ». Quant aux massifs eux-mêmes, aux areg, ils présentent une fixité remarquable, attestée par tous ces vieux troncs d'arbre que l'on découvre au fond des lèdes, par toutes ces dénominations que les indigènes ont attribuées aux chaînes et aux vallées intermédiaires, par la permanence des chemins de caravanes, et par celle de certains puits, tels que l'Aïn-Taïba, où de temps immémorial les chameliers

Ouglıroud sur la route du Souf.

viennent s'abreuver. L'ouragan le plus furieux n'a pour
ainsi dire aucune prise sur les areg, il ne saurait modi-
fier leur orientation, encore moins détruire d'un souffle
les monuments qu'il a mis tant de siècles à édifier, et
c'est un grossier préjugé de croire qu'il puisse soulever
des montagnes de sable pour les laisser retomber en ava-
lanches sur les caravanes. Il n'exerce une action sensible
que sur la surface extérieure des grandes dunes : on voit
alors les couches supérieures rouler en nappes au long
des pentes comme une sorte de mascaret, et passer ainsi
qu'un nuage rougeâtre d'une chaîne à l'autre. Mais lorsque
la tourmente est finie et que les oughroud ont cessé de
fumer, on retrouve toutes choses en l'état, et le même
aspect au paysage. Par-ci par-là un pic retourné, une
cime ébréchée, certains renflements plus accentués, voilà
tout ce qui reste de cette crise atmosphérique.

Il suffit d'ailleurs du moindre trouble de l'air ambiant,
de la plus légère trépidation du sol sous le pas d'une
caravane, pour déterminer cet écroulement des arènes
quartzeuses superficielles. C'est alors que se produit ce
singulier phénomène d'acoustique qu'on appelle « la musique des sables », et qui a si vivement frappé l'imagination des voyageurs[1]. Au milieu du grand silence du
désert un bruit s'élève tout à coup qui, d'abord vague,
indéfinissable, augmente progressivement et s'achève en
un roulement formidable. Puis les vibrations sonores vont
en s'affaiblissant pour reprendre presque aussitôt ailleurs
avec une nouvelle intensité. On dirait d'une de ces bizarres
symphonies de la jeune école allemande où la science de
l'harmonie imitative semble avoir épuisé tous ses secrets
dans une orchestration des plus compliquées, où une

---

1. Dr Oscar Lenz. *Voyage à Tombouctou*, II.

même phrase revient toujours, mais chaque fois avec un
effet différent, suivant la nature des instruments exécu-
tants, tantôt éclatante comme une fanfare de chasse, tantôt douce et moelleuse comme les soupirs d'une harpe
éolienne effleurée par la brise, tantôt lente et grave comme
une psalmodie funèbre murmurée en sourdine dans le
demi-jour des chapelles claustrales, tantôt avec l'allure
vive, sautillante d'une tarentelle napolitaine ou d'une
habanera andalouse rhytmée par le ronflement des tam-
bourins et le cliquetis sec des castagnettes. Ces sons musi-
caux ne sont pas une hallucination, car les animaux les
entendent très bien : effrayés, ils s'arrêtent tout trem-
blants ; les hommes, du moins les voyageurs novices, eux-
mêmes surpris, regardent anxieusement de tous côtés dans
l'attente de quelque mystérieux danger. Le phénomène est
cependant des plus naturels : il provient du mouvement
des nappes pulvérulentes dont les milliards de molécules
cristallines s'entre-choquent en glissant à la surface des
areg.

La vue des immenses plaines arides du Sahara, leurs
amoncellements sableux, leurs excavations salifères, la
présence à l'état fossile de certains mollusques, tels que
le bucarde (*Cardium edule*), qui vivent sur nos côtes,
tout concordait pour éveiller de prime abord l'idée d'un
délaissé océanique. Soutenue scientifiquement pour la
première fois il y a une trentaine d'années, cette théorie prévalut longtemps comme une vérité acquise. Mais
les découvertes opérées par les derniers explorateurs en
ont démontré l'invraisemblance. Sans parler des faits que
nous avons déjà mentionnés dans notre description topographique du Grand désert, tels que l'altitude du sol,
notablement supérieure au niveau des grandes eaux,
l'inégalité de son relief, le mode de formation et la com-

position des areg, on a recueilli un grand nombre de preuves négatives de l'existence d'une mer quaternaire dans le nord de l'Afrique, et même de ce fiord méditerranéen dont les chotts seraient, au dire du lieutenant-colonel Roudaire, les derniers vestiges.

Ainsi il est reconnu aujourd'hui, d'après l'analogie à laquelle ont été soumis plusieurs échantillons rapportés par M. le capitaine Le Châtellier, que la croûte saline qui recouvre les chotts n'est pas composée de sel marin pur, mais d'un mélange de chlorure de sodium et de sulfate de soude en proportions variables, d'où les sels de magnésie, les iodures et bromures caractéristiques des eaux marines sont à peu près exclus[1]. D'autre part, comme l'a constaté cet officier, la couverte n'a que quelques centimètres tout au plus d'épaisseur. On ne saurait donc voir dans cette mince pellicule le résidu de l'évaporation d'une masse d'eau aussi considérable que celle de la mer supposée, mais bien le produit de la concentration des eaux pluviales devenues légèrement saumâtres, en roulant à la surface toujours plus ou moins fortement minéralisée des terrains alluvionnaires qui dominent les chotts au nord. Ces alluvions sont dues en effet, comme le démontre leur coupe géologique, à l'érosion, par les pluies torrentielles, des hauts plateaux de l'Atlas où gisent des amas considérables de sel gemme formant parfois de véritables montagnes comme le djebel Gharribou, sur la route de Biskra[2].

La configuration des dépressions précitées, la nature presque exclusivement rocheuse et les énormes dimensions de leurs seuils intermédiaires, dont le plus oriental

1. Le Chatellier. *La mer saharienne* (Revue scientifique, 1877). — Jourdy. *Revue de philosophie positive*, 1876.
2. Rolland. *Op. cit.* — Dr. Tirant et Rebatel. *Voyage en Tunisie.* (Tour du Monde, 1875). — Berbrugger. *L'Oued Rhir.*

entre la côte et le chott Djérid n'a pas moins de 22 kilomètres de large, ont suffi pour autoriser un grand nombre
de savants, entre autres Élisée Reclus, à nier l'ancienne
communication des chotts avec le golfe de Gabès et à les
considérer comme ayant toujours été de petites mers intérieures, des lacs sans issue, tels qu'aujourd'hui la mer
d'Aral en Turkménie[1].

L'origine lacustre des bassins est d'ailleurs confirmée
non seulement par la critique rigoureuse des auteurs
grecs et latins qui ont décrit la région, mais encore par
la constitution géologique des rivages. Ce ne sont pas en
effet des lignes de bassins maritimes; les stratifications
régulières parfaitement horizontales de leurs couches com-
posantes prouvent que celles-ci ne peuvent être les sédi-
ments des flots agités de la mer, mais qu'elles se sont formées, tassées lentement sous une eau tranquille.

Enfin l'étude paléontologique de ces dépôts eux-mêmes
ne laisse subsister aucun doute sur leur provenance réelle :
leurs lits fossilifères ne renferment aucun organisme
marin authentique. Quant au bucarde s'il était vraiment
marin, comme le prétendent les partisans de la mer saharienne, on le trouverait associé dans ses gisements à
d'autres fossiles marins. Or il n'en est pas ainsi : car tous
les coquillages que l'on rencontre dans le grand désert
appartiennent soit à des espèces fluviales, comme les
cyrènes et les planorbes de l'Igharghar, les mélanies,
les encrines et les paludines du Sahara occidental, soit
terrestres comme le *Bulimus decollatus* découvert par
M. Bourguignat au pied de l'Atlas[2]. M. Tournouer a
d'ailleurs observé que les test de bucardes recueillis dans
le désert ne dépendaient pas d'une station conchyologique

1. Él. Reclus. *Afrique septentrionale.*
2. Rolland.

proprement dite, mais qu'ils étaient isolés, et il en a conclu avec logique qu'ils avaient été entraînés accidentellement d'une région où ils abondaient et « emballés » dans un dépôt fluviatile torrentiel[1]. Enfin, si l'on considère que les endroits du littoral exclusivement fréquentés par le bucarde sont les fonds de mers peu salées, telles que la Baltique et la Caspienne, les embouchures de rivières, les lagunes qui reçoivent des eaux douces, comme en France le bassin d'Arcachon ou l'étang de Berre, on s'expliquera sans peine leur présence dans les bassins lacustres du Sahara et dans les terrains avoisinants, toujours, comme nous le disions tout à l'heure, plus ou moins imprégnés de sel.

Comment, après toutes ces constatations, admettre l'existence d'une mer qui n'aurait laissé aucune trace, ni de ses dépôts caractéristiques, ni des êtres organisés qui l'habitaient?

Mais quelle est donc la véritable origine du Sahara? Pour résoudre cette question, il faut, suivant une expression banale, mais ici rigoureusement vraie, remonter au déluge. A l'époque où ce grand cataclysme vint bouleverser notre planète, l'ossature du Sahara était déjà formée, ses reliefs avaient acquis toute leur amplitude. Déjà, au milieu du désert, le géant Ahaggar se dressait, superbe et sinistre à la fois, avec son front auréolé de la flamme des volcans et ses flancs noirs zébrés de laves ardentes, tandis qu'à ses pieds, la suite grisâtre des hamadas gréseuses et crétacées, fraîchement exondées de la mer tertiaire, se déroulait indéfiniment....

La révolution diluvienne acheva l'œuvre ébauchée par l'âge précédent, et l'on peut en suivre aisément les phases

1. Tournouer. (*Association pour l'avancement des sciences, Congrès de 1879.*)

successives. Les pluies quaternaires donnèrent d'abord
naissance à des courants rapides et torrentiels qui, agis-
sant violemment sur le sol nu des formations initiales, le
dénivelèrent et y creusèrent les profonds sillons des oueds.
Puis, devenant intermittentes, elles s'épanchèrent en larges
nappes, étalant à la surface des plateaux les débris rocheux
arrachés aux montagnes, les semis de cailloux qui forment
les serir du Sahara occidental et méridional et aussi, comme
nous l'avons vu, l'assise inférieure des terrains alluvionnaires du Sahara septentrional. Dans cette dernière région
en particulier, les eaux diminuant de vitesse sur les pentes
adoucies par les premiers apports, ne roulèrent bientôt
plus que des sables quartzeux et de fins limons dont les
dépôts étagés achevèrent de constituer les atterrissements.
Enfin ceux-ci, travaillés à leur tour par les pluies, s'affais-
sèrent en certains endroits pour former les dayas, et plus
tard les chotts et les sobkas.

Dès lors la physionomie du Sahara s'accusa nettement
et son orographie se présentait à peu près telle qu'aujour-
d'hui. Mais en plus on y trouvait de nombreux lacs et de
grandes rivières qui, coulant à pleins bords dans les
oueds, atteignaient, comme l'Igharghar, jusqu'à 35 kilomètres de large. Et toutes ces masses liquides s'évapo-
rant, une extrême humidité régnait dans cette contrée
maintenant l'une des plus sèches du globe. Alors aussi
une luxuriante végétation couvrait la terre. Le Sahara
n'était, comme notre pays de Gaule, qu'une immense forêt
vierge. Une vie intense rayonnait à travers cette jeune et
fraîche nature : les hippopotames et les crocodiles pullu-
laient dans les rivières notamment dans l'Oued Mya[2] les
rhinocéros et les éléphants vaguaient sous le couvert des

1. Hérodote. II, 32. — Vivien de St-Martin. *L'Afrique du nord
dans l'antiquité.*

hautes futaies, remplies du hurlement des fauves, du grouillement des reptiles et du gazouillis des oiseaux. Enfin l'homme lui-même apparut.

Mais, comme l'a si bien dit Henri Heine, « ici-bas tout bien vient de Dieu, tout mal vient des hommes ». A peine en possession de son domaine, le roi de la création se mit à le saccager. De chasseur devenu pasteur, il livra les jeunes pousses à la dent de ses troupeaux et c'est ce déboisement, systématiquement poursuivi pendant une longue série de siècles, qui en modifiant le climat local causa la ruine du Sahara. L'alizé, dont l'excès d'humidité de l'air avait jusqu'alors contrarié l'influence desséchante, dont les grandes masses forestières avaient brisé l'élan, put désormais souffler librement à travers l'espace, flétrissant toute verdure, tarissant les fleuves, désagrégeant les plateaux et soulevant en montagnes leurs éboulis sableux. Et ainsi, lentement, mais avec une sûreté, une continuité effrayantes, le désert étendit sa lèpre rongeuse jusqu'à l'Atlantique.

§ 3.

La sécheresse absolue du climat saharien explique les excessives variations de sa température, parfois glaciale en hiver, toujours brûlante en été.

Dès la fin d'avril, la chaleur est déjà intolérable, bientôt elle devient torride. Le 9 juin 1855 à Kawar, dans le Sahara oriental, le Dr Barth a vu son thermomètre placé dans un courant d'air sous la tente, accuser 43°5. M. Duveyrier a constaté, de son côté, 44°6 à Mourzouk le 20 juin 1860, et le colonel Vincent 47 degrés à la fin de mai, dans l'Adrar.

Et pourtant cette chaleur est douce comparativement à celle qui règne pendant la canicule, atteignant jusqu'à

55 degrés à l'ombre et 65 au soleil, comme l'ont éprouvé M. Largeau, à Ouargla et M. Brosselard à Tébalbalet, dans le Sahara central. Les Arabes ont donné à cette période néfaste, qui ne dure pas moins de quarante jours, le surnom caractéristique de *sammâ*, mortelle. C'est qu'alors, en effet, toute l'économie est profondément troublée, la plus légère indisposition acquiert une gravité exceptionnelle, et certains accidents, comme les piqûres d'insectes ou les morsures de reptiles, relativement anodins en d'autres saisons, tuent l'homme en quelques minutes. C'est alors aussi que le Sahara se montre vraiment le *Blad el Ateuf* « le pays de la soif », où les entrailles tordues, le cerveau hanté par une préoccupation exclusive, celle de boire, toujours boire, on échangerait volontiers, semble-t-il, toutes les pierreries de Golconde pour les perles d'un ruisseau, où l'idée d'une immense coupe d'eau remplie jusqu'aux bords d'une eau limpide et glacée devient une épouvantable tentation qui tient du cauchemar[1].

Le vent qui passe, loin d'apaiser la fièvre qui dévore les plus puissants organismes, ne fait que l'activer davantage. C'est tantôt le *chergui*, venu de l'est, tantôt le brutal *simoun*, tantôt le calme *chihili* moins connu, mais tout aussi redoutable que le simoun, avec son souffle lent qui produit sur la peau nue l'impression d'un fer rouge et aspire, ainsi qu'une ventouse, le sang des muqueuses.

Le simoun ou sirocco, le « vent poison des Bédouins, qu'ici, dans le langage courant, on appelle encore le *qâbli*, « le sud », et par extension « le vent du sud », sort comme le chihili des profondeurs embrasées de l'Afrique équatoriale. Il se caractérise, de même qu'en Arabie, par son

---

1. Eug. Fromentin. *Un été dans le Sahara.*

extrême violence, par les trombes de sable qu'il entraine avec lui, et par la périodicité de ses manifestations qui se renouvellent parfois plusieurs jours de suite.

Parfois le qâbli présente tous les caractères d'une violente averse accompagnée d'éclairs et de tonnerres. Plusieurs de nos compatriotes, surpris par une de ces tempêtes ont vu tomber du pourtour des nuées de grosses gouttes de pluie froides et comparables à de la neige fondue.

Mais les orages pluvieux sont une exception au Sahara; les orages secs sont au contraire assez fréquents. Ceux-ci se traduisent par un développement considérable de l'électricité atmosphérique. Il suffit alors d'une couverture brusquement dépliée, d'un peigne vite passé dans les cheveux ou la barbe pour produire des étincelles. Les tentes se transforment en autant de bouteilles de Leyde d'où l'on peut tirer, au plus léger frôlement de leurs parois, des aigrettes de 15 et même 25 centimètres[1]. En temps d'orage le poil des chameaux arabes donne souvent, au passage de l'étrille, des étincelles accompagnées de petites crépitations, et M. Duveyrier affirme en avoir vu, dans de semblables circonstances, sortir des flancs de sa jument, qui chassait les mouches avec sa queue.

Cependant les vents continentaux, les vents brûlants de l'est et du sud ne sont pas les seuls à régner au Sahara. Il y a encore les vents marins ou *bahhari* qui viennent du nord-ouest, si bienfaisants, si agréables avec leur fraîche haleine toujours chargée des parfums du Tell[2].

---

1. Rabourdin. — Léopold Amat. (*Comptes rendus de l'Académie des Sciences*, 1880).

2. Mission Flatters. *Rapport général*, p. 321. — Largeau. *Voyage au pays de Rihra.*

En hiver ces vents du nord deviennent même très froids, à ce point que dans certaines localités, dans le Hoggar, par exemple, les habitants, pour se préserver de ces effluves glacés qui gercent la peau, sont obligés d'ajouter des fourrures à leur épais vêtement de laine [1], et que souvent, au lever du jour, on trouve l'eau des outres complètement gelée. La température peut s'abaisser en effet, dans cette saison, jusqu'à huit degrés au-dessous de zéro, comme l'a constaté, en février 1881, la première mission Flatters.

Après le coucher du soleil surtout, sous l'influence du rayonnement nocturne, le froid devient intense et d'autant plus sensible que la journée a été plus chaude. Ainsi, en 1882, pendant l'expédition du Mzab, nos soldats ont eu à supporter alternativement des chaleurs de $+35$ à 40 degrés pendant le jour et des froids de -10 degrés pendant la nuit. Dès lors comment s'étonner de ce que les gros nuages roulés par les bahhari se condensent parfois en neige?

De la neige au Sahara! Si paradoxal que ce fait puisse paraître au premier abord, si déconcertant qu'il soit pour nos imaginations européennes habituées à considérer le grand désert comme l'éternel royaume du soleil, il n'en est pas moins rigoureusement vrai. En 1852, année de la prise de Laghouat par les troupes françaises, on vit tomber de la neige à Ouargla, cette même oasis où, comme nous venons de le dire, le thermomètre marque parfois en été 65 degrés. Est-il besoin d'ajouter que ce blanc tapis, rapidement fondu sous la chaude averse des rayons solaires, ne dura, comme les roses du poète, que l'espace d'un matin?

1. Colonel Fulcrand.

D'autres phénomènes résultent de cette rareté de la vapeur d'eau dans l'atmosphère du Sahara : les armes ne se rouillent jamais; la viande se conserve un temps indéfini; l'eau contenue dans les outres, même les mieux fermées, s'évapore avec une incroyable rapidité.

Un milieu sec est on ne peut plus favorable au développement des illusions d'optique. Celles-ci sont nombreuses au Sahara. Le mirage . est la plus frappante. Il se développe surtout, ici, dans les grands fonds très plats et légèrement salés, tels que les chotts, ou plus souvent encore au milieu des grandes plaines, pavées de dalles polies et luisantes, de la Hamada[1]. Dans le Tanezrouft, cet immens plateau de grès qui s'étend immédiatement au nord du Hogga, il produit des effets prodigieux : ici un crottin de chameau prend les proportions d'une grande tente; des tiges grosses comme le doigt ressemblent à des arbres immenses couchés ou debout sur le sol.

Ce cruel supplice du voyageur en proie aux hallucinations de la fièvre est encore aggravé par l'intense clarté du ciel. Elle est tellement éblouissante qu'elle suffit souvent pour donner le vertige, et que son action, soit directe, soit réfléchie, ne peut-être ni pendant longtemps, ni impunément, supportée par l'œil. Aussi les cas d'ophtalmie et de cécité sont-ils extrêmement fréquents et toujours très précoces chez les nomades.

Mais en regard de ces inconvénients, que d'avantages ! Le ciel du Sahara possède, si l'on peut ainsi dire, les

1. Dr Collin *Le mirage au Sahara*. (Bulletin de la Société de Géographie, 1880.)

qualités de ses défauts. Les brumes qui s'élèvent parfois sur le littoral méditerranéen sont ici à peu près inconnues, et c'est pour cela que les poètes arabes donnent aux habitants du Tell le nom de « fils du brouillard ».

La transparence de l'atmosphère, notamment dans le sud, est extraordinaire. La vue s'étend à des distances énormes et il est impossible de se faire une idée de l'éloignement des objets. Le 28 décembre, rapporte M. Duveyrier, sur le plateau de Timmazoudjen, j'ai pu distinguer nettement les découpures du Tassili des Azdger, à 80 kilomètres. Bien souvent, pour dresser la carte de mes itinéraires, j'ai déterminé à la boussole et avec certitude des points à des distances de 50 à 60 kilomètres. » Les guides arabes chez qui l'éducation du milieu atmosphérique a considérablement développé le sens visuel, reconnaissent facilement des voyageurs éloignés de plusieurs heures de marche.

A cette admirable transparence s'ajoute une magique coloration. Qui n'a jamais vu le ciel bleu du *Guebla* du « grand sud » ne saurait en concevoir la moindre idée, et quiconque l'a une seule fois entrevu ne pourra jamais plus l'oublier ni cesser de le regretter. « C'est, je gage, dit M. Choisy, ce ciel qu'a vu Dante lorsqu'au sortir de l'enfer, il revint au jour, un ciel dont la couleur est celle du saphir d'Orient. Certes, il y a dans le ciel de quoi tourner la tête; on ne résiste pas à ce bleu-là! » Il défie en effet toute expression; la plume et le pinceau se refusent à rendre son exquise douceur et sa limpidité cristalline. Combien de poètes, et des plus éloquents, combien de peintres, et des plus habiles, parmi ceux admis à le contempler dont il a fait le martyre et qui se sont déclarés impuissants à redire sa beauté! Seuls, peut-être, deux Français, Fromentin et Guillaumet, ont réussi à le fixer

Mirage au Chott Melrhir.

sur leur palette et à le refléter sur leurs toiles, mais à quelles souffrances cérébrales n'ont-ils pas été soumis, par quelles heures d'angoisses et de désespérance leur génie n'a-t-il pas dû passer avant de pouvoir pénétrer le mystère de cette teinte invraisemblable et courber ainsi la nature sous le joug de l'art!

Cette pureté de l'atmosphère fait du climat saharien, si rude parfois, un des plus sains du monde. Barth, et beaucoup d'autres après lui, ont affirmé qu'ils ne s'étaient jamais sentis plus à l'aise que dans les plaines sans fin de l'Afrique septentrionale. L'air qu'on y respire est un air vierge, un air vivifiant que n'ont jamais souillé les exhalaisons des grandes agglomérations humaines. Aussi l'Européen accoutumé à toutes ces lourdes vapeurs qui flottent sur nos cités, éprouve-t-il, dès qu'il a mis le pied dans le Sahara une véritable surprise, une joie profonde à constater le libre jeu de ses poumons, à dilater sa poitrine allégée du poids invisible qui l'écrasait naguère. Cet acte si inconscient, si simple de la respiration lui cause une indicible volupté et éveille en lui tout un monde de sensations nouvelles, toute une floraison d'espérances qui chassant au loin le noir troupeau des soucis, plongent son esprit dans une quiétude, une béatitude infinies.

Il en est, on le voit, du désert comme de la vie. Sans doute elle a ses heures de souffrances, ses journées tristes et sombres, les plus nombreuses, hélas! Mais elle compte aussi bien des pages blanches et joyeuses. Le Sahara n'a pas été soustrait à cette loi universelle de la nature : si parfois un crêpe de deuil semble s'étendre sur ses solitudes infinies, jadis si vertes et si gaies, maintenant stériles et brûlées par le soleil, sur ses poudreuses arènes, sur ses âpres rochers, sur ses causses pierreuses et dé-

chirées par les ravines; si les crimes des hommes lui ont
ravi cette fraîche parure de jardins et de forêts que le
Créateur lui avait donnée; si tous ces larges fleuves qui,
à l'aurore des temps quaternaires, roulaient leurs ondes
à l'ombre des arbres géants sont aujourd'hui taris, bus
goutte à goutte par les feux dévorants du ciel, il n'a pas
été cependant complètement déshérité. Il lui reste ses
hautes terres aux reliefs étranges, aux fantastiques den-
telures, ses chaînes de gour semblables, avec leur forme
basse et massive et la rectitude géométrique de leurs
plans, aux colonnades à demi ruinées d'un ancien temple
égyptien, il possède le décor mobile de ses areg avec leurs
eux d'ombre et de lumière et l'émouvant orchestre de
leurs molécules vibrantes, il a ses fantasmagories aériennes,
les rougeurs vermeilles de ses horizons et la splendide
sérénité de son ciel d'outre-mer. Sa pâle nudité, livrée aux
forces aveugles du soleil et des vents, a pris ainsi dans la
mort une beauté nouvelle et souveraine que n'atteindra
jamais la nature animée et dont la suprême originalité n'a
fait que s'accroître avec les âges.

BIBLIOGRAPHIE.

AMAT (CH.). *Le Sahara* (Revue scientifique, 1885).

AMAT (LÉOP.). *Le mirage* (Comptes rendus de l'Acad. des sciences, 1880).

BARTH (Dr HENRI). *Voyage dans l'Afrique septentrionale*, 2 vol. in-8.

BÉRINGER. *Mission Flatters* (Rapport officiel).

BOULANGIER (EDGAR). *Étude sur le Sahara*, Tours, 1887.

BOURGUIGNAT. *Malacologie de l'Algérie*.

CHOISY. *Le Sahara*. 1 vol. in-12.

COLLIN (Dr). *Le mirage dans le Sahara* (Revue scientifique).

COLOMB (GÉNÉRAL DE). *Les oasis du Sahara* (Revue algérienne et coloniale, 1860).

COLONIEU (GÉNÉRAL). *De Géryville à Ouargla* (Tour du Monde, 1863).

DUVEYRIER (HENRI). *Les Touareg du nord*.

FLATTERS (COLONEL). (Mission transsaharienne) *Rapports officiels*.

Fulcrand (Colonel). *Le Sahara* (Atlas colonial).

Ibn-Kaldoun. *Histoires des Berbères* (trad. de Slane).

Jourdy. *La mer saharienne* (Revue de philosophie positive, 1875 et 1876.)

Largeau (Victor). *Le Sahara algérien et les Déserts de l'Erg.*

Largeau (Victor). *Voyage au pays de Rhira-Ouargla.*

Ch. Laurent. *Le Sahara oriental* (Mémoire de la Société des ingénieurs civils, juin 1856).

Le Chatelier (Capitaine). *La mer saharienne* (Revue scientifique, 1877).

Lenz (Dr Oscar). *Voyage au Soudan et au Maroc.* 2 vol. in-4°.

Marès (P.). *Constitution géologique du Sahara au sud de la province d'Oran* (Bulletin de la Société géologique, 1857.

Martins (Ch.). *Le Sahara* (Revue des Deux Mondes, 1864).

Mohammed ben Ali Kairoumi. *Histoire de l'Afrique* (traduction Pélissier et Rémusat).

Nachtigal (D^r). *Sahara et Soudan.* 1 vol. in-8.

Niox (Colonel). *L'Algérie.* 1 vol. in-12.

Parisot (Capitaine). *La région entre Ouargla et El Goléah* (Bulletin de la Société de géographie, 1880).

Pomel. *Géologie du Sahara.* 1 vol. in-18.

Rabourdin (Lucien). *Algérie et Sahara.* 1 vol. in-8.

Richardson. *Le Sahara* (Revue des Deux Mondes).

Roche. *Mission Flatters : partie géologique* (Revue scientifique, 27 novembre 1880).

Roche. *Exploration géologique du Mzab* (Comptes rendus de l'Académie des sciences, 1882).

Rolland (G.). *Hydrographie et orographie du Sahara algérien* (Bulletin de la Société géologique, 1886).

Rolland (G). *Les grandes dunes de sable du Sahara* (Revue scientifique, 14 mai 1881).

Rolland (G.). *La mission transsaharienne d'El Goléah* (Revue scientifique, 14 juillet 1880).

Rolland (G.). *Géologie du Sahara* (Comptes rendus, Académie des sciences, 1880).

Roudaire (Lieutenant-colonel). *La mer intérieure d'Algérie* (Revue des Deux Mondes, 1874. — Bulletin de la Société de topographie de France, 1884).

Rouire (D^r). *En Tunisie* (Revue scientifique, août 1884).

Soleillet (Paul). *D'Alger à In-Çâlah,* 1 vol. in-8, 1876.

Teisserenc de Bort (Léon). *Les dunes du Sahara* (Congrès des sociétés savantes, juin 1887).

Thoulet. *Les dunes du Sahara* (Comptes rendus de l'Académie des sciences, 24 décembre 1883).

Tirant et Rebatel (D^{rs}). *Voyage en Tunisie* (Tour du Monde, 1875).

Tournouer. *Sur quelques coquilles marines des chotts* (Comptes rendus de la Société pour l'avancement des sciences, 1879).

Vatonne. *Mission de Ghadamès* (Rapport officiel, 1863).

Vincent. *L'Adrar* (Tour du Monde), 1861.

Vivien de St-Martin. *L'Afrique du Nord dans l'antiquité*.

Zittel. *Die Sahara* (1883).

CHAPITRE VII

LA VIE VÉGÉTALE DANS LE SAHARA.

L'EAU DANS LE SAHARA. Ses rapports avec la végétation. Stérilité de la Hamada. Fertilité relative des atterrissements et des areg : ses causes. Notions générales sur le régime aquifère. du Sahara : 1° Eaux superficielles : leur origine. Eaux météoriques. Eaux courantes : les « oueds » et leurs crues. 2° Eaux souterraines : « le bassin éponge » : eaux souterraines ascendantes; eaux souterraines jaillissantes ou artésiennes : mode d'alimentation, mode de distribution, mode d'émergence. Sources naturelles : les *chriats*, les *behour*. Sources artificielles ou puits. Le « Bahr Tahrtani ». Principales zones aquifères du Sahara algérien et tunisien. Composition des eaux artésiennes. — **LA VÉGÉTATION DANS LE SAHARA.** — § 1. *Stations naturelles.* 1° Flore des atterrissements, ses caractères spéciaux. — Flore des oueds et des daïas : *a.* espèces herbacées; *b.* espèces ligneuses. — Flore des sebkhas : les salsolacées sahariennes. 2° Flore des areg : les *betoum* et les *tamarix.* — § 2. *Stations artificielles.* Distribution géographique et revue statistique des principales oasis sahariennes. Leurs divers systèmes d'irrigation. Oasis fluviales. Oasis d'excavation : les *ritans.* Oasis à puits ordinaires. Oasis à sources : leur supériorité. Oasis à puits artésiens. Puits artésiens arabes ; mode d'ouverture; scènes et types : les *m'eallen* ou puisatiers, le *haffar* ou maître foreur, les *rhetassin* ou plongeurs. Les *feggara* ou puits à galeries. Puits artésiens français : composition d'un équipage de sonde ; description de la sonde, sa manœuvre ; le tubage. Les forages de l'oued-Rhir, résultats économiques. Les forages de l'oued Mya. Création d'oasis nouvelles. La colonisation du Sahara par les sondages. La « politique hydraulique ».

. . . . l'oasis, île en fleur des déserts,
Où courent les ruisseaux sous les feuillages verts,
Où frissonne, le soir, l'éventail des platanes.
(Henri Cantel : *Nuits d'Orient*).

I. L'EAU DANS LE SAHARA.

Malgré les ardeurs de son ciel de braise, malgré l'horrible sécheresse de son terroir, le Sahara n'emporte pas toujours avec lui cette image de morne désolation dont notre esprit, trop facilement prévenu, l'entoure volontiers. Il n'est pas partout frappé de mort. Une vie relative s'y manifeste et d'autant plus saisissante qu'on s'attend moins à l'y rencontrer.

Comme nous le verrons plus loin, toutes les branches du règne animal sont représentées au Grand-Désert : mammifères, oiseaux, reptiles se pressent en certaines contrées ainsi qu'en une immense arche de Noé. La végétation qui fournit à tous ces êtres, petits et grands, le gite ou la nourriture, ne peut donc être totalement exclue de ce triste séjour.

En effet, des trois régions naturelles qui se partagent l'étendue saharienne, une seule, la Hamada, reste vouée à une éternelle stérilité. Aucune herbe ne verdoie sur cette aire pétrifiée, aucune graine ne peut germer dans ce sol imperméable de marne et de gypse, sans cesse balayé par les vents et brûlé jusqu'aux entrailles par un soleil infernal.

Il n'en est pas de même dans les formations sablonneuses et salifères qui, sous nos climats, sont considérées comme les plus improductives, dans la région des atterrissements et dans celle des dunes. Ici le désert n'est point complètement dénudé. Sans parler des espèces essentiellement éphémères que la moindre pluie d'orage y fait germer, des centaines de plantes et d'arbrisseaux y croissent spontanément en toute saison.

C'est que l'eau, cette indispensable condition de la vie végétale, loin de faire défaut au Sahara, comme d'aucuns sont trop enclins à le penser, y est répandue à profusion sous les formes et dans les conditions les plus diverses. Dans mainte vallée jaillissent de claires fontaines dont le flot intarissable semble se rire des rayons impuissants du

soleil. Sur le sable doré des daïas dorment les *r'dirs*, lacs
minuscules où viennent boire les oiseaux et dont la nappe,
bleuie par les reflets du ciel, sert de miroir à mille jolies
fleurs coquettement penchées alentour. Enfin cette terre
saharienne, dont la surface est si aride, recèle en ses
couches profondes — et c'est là, fait remarquer M. Duponchel, une de ses plus merveilleuses propriétés, —
des richesses liquides considérables. Pour tout dire, le
Sahara possède non seulement des eaux superficielles,
mais encore des eaux souterraines.

Les premières ont une double origine. Tantôt tombées
par torrents du ciel, dans un de ces orages que les chaleurs torrides de la canicule déchaînent parfois sur le
désert, elles s'amassent dans les bas-fonds, ou ruisselant
sur le toit rocheux des plateaux elles affluent dans les
gouttières naturelles formées par les ravines, et leur
donnent ainsi pendant quelques heures l'aspect de rivières impétueuses. Tantôt, à la fin de l'hiver, issues de
la fonte des neiges qui recouvrent l'Atlas au Nord et le
Ahaggar au Sud, elles engendrent des crues volumineuses
qui, envahissant le lit des vallées originaires de ces montagnes, font irruption plus ou moins loin dans le Sahara.
C'est ainsi que l'oued Messaoura peut couler à ciel ouvert
pendant une grande partie de l'année sur près de 500 kilomètres en plein désert. C'est ainsi encore qu'on peut
voir, au printemps, tous ces oueds qui entaillent le revers
méridional du Djebel Ksour, des Nemencha et de l'Aurès,
transformés en torrents qui roulent à pleins bords leurs
eaux troubles et fumeuses. Puis quand la tempête s'est
apaisée, quand les chauds rayons du soleil d'avril ont
achevé de dissoudre le linceul neigeux dont l'hiver avait
enveloppé la montagne, les gaves rentrent dans leur lit, et
leurs eaux un moment gonflées s'affaissent et s'épuisent

peu à peu. Toutefois les traces de leur invasion ne s'effacent pas immédiatement et sur bien des points elles sont indélébiles. Une partie des eaux séjourne, longtemps encore après l'inondation, dans les vasques argileuses creusées au fond des daïas ou dans le lit des oueds pour y former ces r'dirs dont nous parlions tout à l'heure. Le reste, déduction faite du tribut prélevé par l'évaporation, s'infiltre dans les parties sablonneuses du sol où, s'emmagasinant à l'abri des rayons solaires, il entretient une certaine humidité. Il est d'ailleurs évident que celle-ci sera d'autant plus abondante que la porosité du terrain sera elle-même plus développée. Tel est le cas pour les grandes dunes : les eaux pluviales directement absorbées par ces montagnes de sables fluides et éminemment perméables s'y épanouissent en tous sens et les imbibent littéralement. L'humidité qu'elles répandent ainsi dans toute la masse pulvérulente est tellement considérable qu'on la retrouve, après deux ans de sécheresse, à 40 ou 50 mètres de profondeur. De là ce surnom caractéristique de « bassin-éponge » que les explorateurs ont donné à la région de l'Erg[1] ; de là aussi cette fertilité qui contraste si vivement avec la stérilité de la Hamada.

Les sables quartzeux charriés par les pluies diluviennes de l'été, et dont le dépôt plus ou moins épais constitue l'assise supérieure des terrains d'atterrissements, reposent immédiatement, avons-nous dit, sur une couche imperméable d'argile ou de marne. Or il peut arriver un moment où ces dépôts atteignent leur point de saturation. Dans ce cas l'excès d'humidité se condensant dans le sol y forme des réserves aquifères qui obéissant aux lois de la pression et de la capillarité tendent à remonter sans

1. Victor Largeau. *Sahara algérien.*

cesse à la surface. Ce sont ces eaux superficielles, transformées en *eaux souterraines ascendantes*, qui suintent dans les puits des caravanes, qui remplissent les excavations où les palmiers de certaines oasis plongent leurs racines, et qui affleurant dans les dépressions du relief alimentent les sebkhas et les chotts.

Mais si précieuses qu'elles puissent être dans le pays du soleil, l'irrégularité et la faiblesse de leur débit leur assignent, comme à toutes les eaux superficielles, un rang secondaire dans l'hydrologie saharienne. Les vraies eaux du Grand-Désert africain, celles qui lui conservent un reste de vie et qui, sans cesse évoquées par l'énergique labeur de l'homme, lui rendront dans un avenir peut-être prochain son antique prospérité, ce sont les eaux souterraines jaillissantes, ce sont les *eaux artésiennes*.

L'exploration inachevée du Sahara méridional ne nous permet pas d'affirmer d'une manière absolue qu'il existe des eaux artésiennes dans cette partie du désert, mais les renseignements fournis par Henri Duveyrier et par la deuxième mission Flatters sur la topographie et la constitution géologique du pays des Touareg, ainsi que ceux recueillis tout récemment par le capitaine Le Châtelier sur le bassin de l'oued Touat[1] rendent cette hypothèse assez vraisemblable. Ces ruisselets innombrables qui ont valu son nom à la vallée des Ighargharen, cette végétation superbe épanouie sur le versant soudanien du plateau central et surtout cette abondance d'eau qu'accuse, ainsi que nous le verrons plus loin, le système d'irrigation employé par les riverains de l'oued Messaoura ouvrent le

1. Le Châtelier. *Étude sur le Tidikelt.* (Bulletin de la Soc. de Géographie de Paris, 1886.)

champ à toutes les suppositions. Il nous paraît toutefois qu'en raison de l'insuffisance de ces données, la discussion d'un tel problème, si intéressante qu'elle puisse être, serait tout au moins oiseuse et sa solution prématurée. Nous nous bornerons donc pour le moment à enregistrer cette probabilité et à la signaler à l'attention des futurs explorateurs du grand Sud.

Les mêmes incertitudes n'existent pas pour le Sahara septentrional et surtout pour le bas Sahara, et l'étude des magnifiques découvertes hydrologiques que la science française y a faites depuis bientôt un demi-siècle suffit présentement à satisfaire notre curiosité. C'est ici que le Grand-Désert se montre vraiment le pays des merveilles. C'est ici, dans cette grande plaine d'érosion, dans cette arène dont la nappe poudreuse se déroule entre l'Atlas algérien, la Chebka et la Hamada-el-Homra que le voyageur pourra contempler, comme nulle part ailleurs, la lutte sublime de ces deux éternels ennemis, l'Eau et le Feu; c'est ici qu'il admirera ces étranges phénomènes dont nous parlions tout à l'heure, qu'il pourra surprendre le secret de cette vie latente qui transparaît en maint endroit sous les traits pâles et rigides du désert immobile, qu'il saura comment surgissent et prospèrent toutes ces oasis, tous ces paradis de verdure qui, gardant éternellement leur fraîcheur au milieu de l'enfer brûlant des sables, pourraient, eux aussi, arborer sur leurs palmiers la fière devise « *Nutrisco et exstinguo* » donnée à la salamandre héraldique.

La principale source d'alimentation des eaux artésiennes du bas Sahara se trouve au Nord, dans l'Atlas. En effet toutes les eaux fournies par la chute des pluies ou la fonte des neiges dans cette chaîne, dont certains massifs, l'Aurès par exemple, atteignent plus de 2000 mètres d'altitude, ne s'écoulent pas en torrents dans les vallées. Une grande partie d'entre elles est absorbée par les terrains perméables de la montagne. Tantôt ces terrains forment des bancs de poudingues, de sables et de graviers qui semblent se continuer sur le Sahara comme pour servir de chemin aux eaux; tantôt ils sont composés de roches crétacées à travers lesquelles les eaux s'infiltrent jusqu'à ce qu'elles rencontrent un lit imperméable. Elles s'y étalent, s'y distribuent et descendent, avec une pression croissante, vers le sud pour aller jaillir dans le désert, soit naturellement sous forme de *sources*, soit artificiellement sous forme de *puits*[1].

On trouve ainsi dans le Sahara algérien la zone aquifère du Zab qui s'étend au pied même de l'Aurès sur un espace de plus de 150 kilomètres et comprend 42 sources débitant ensemble 85 millions de mètres cubes par an. Plus bas c'est l'oued Rhir dont l'artère souterraine déroulant ses capricieuses sinuosités à 65 mètres environ de profondeur rejette annuellement, par la bouche de quelques centaines de puits, près de 150 millions de mètres cubes. Enfin à l'extrême sud il y a la zone de l'oued Mya longue de 25 kilomètres en amont et en aval d'Ouargla, profonde de 40 mètres et à laquelle 350 puits artésiens enlèvent une trentaine de millions de mètres cubes par an.

On a, d'autre part, dans le Sahara tunisien, au sud-est du massif des Nemencha, toute une série de sources magnifiques : celles du Djérid à l'ouest, du Nefzaoua au sud, de Gafsa au nord, de Gabès à l'est. On ne saurait imagi-

---

1. Rolland. *Bulletin de la Société de géographie*, 1886; *Revue scientifique*, juin 1887. — Ville. — Laurent. *Bulletin de la Société géologique de France*, t. XIV.

ner, dit M. Rolland, les volumes d'eau qui émergent ainsi au « pays de la soif ».

La différence qui existe dans le mode d'émergence des eaux artésiennes tient à une double cause : elle résulte de la plus ou moins grande densité des formations immédiatement supérieures et aussi, en ce qui concerne particulièrement les sources naturelles, de la pression hydrostatique. De là, parmi ces dernières, deux catégories bien distinctes : les *chriats* et les *behour*. Lorsque la couverture est peu épaisse ou de faible cohésion, l'eau s'y fraye d'elle-même et avec violence un passage jusqu'à la surface, et les terres refoulées par cette énergique poussée de la colonne liquide forment autour du point d'éruption un mamelon élevé de 4 à 6 mètres au-dessus du sol environnant et creusé en entonnoir à son sommet. C'est ce qu'on appelle un « *chriat* », c'est-à-dire un nid. On peut le comparer à un cratère volcanique où la lave serait remplacée par de l'eau. Mais si les eaux n'ont pas une pression suffisante pour soulever et percer à jour le dépôt sableux qui les recouvre, elles jaillissent sous les atterrissements, s'y élèvent lentement et s'y étalent en nappes. Ces nappes portent le nom de *behour* (sing. *bahr*, mer) à cause des énormes dimensions du bassin qu'elles occupent et de leur belle teinte azurée.

Un des behour les plus remarquables du Sahara, sinon par son étendue, du moins par la gracieuseté de son site et surtout par sa renommée historique, est le *bahr el Salehim* qui se trouve dans la partie méridionale de l'oued Rhir. Dans les ondes bleues de ce Léman en miniature se mire une blanche koubba, une chapelle commémorative dédiée à la « dame du lac, *lella Baharia* », sainte musulmane célèbre autant par sa beauté que par sa ferveur religieuse et dont, à défaut du nom véritable, les fils du désert ont gardé le poétique souvenir.

Cette diffusion des eaux artésiennes dans le bas Sahara ne pouvait manquer de frapper l'esprit superstitieux des indigènes. Pour l'expliquer ils ont imaginé une mer souterraine qu'ils appellent, au Mzab, la « mer du déluge », dans l'oued Rhir, « la mer Inférieure, *bahr Tahrtani* » dont on entend parfois, prétendent-ils, les vagues s'entre-choquer avec fracas dans les profondeurs du sol. Les deux premiers géologues qui explorèrent la contrée, MM. Martins et Desor, n'hésitèrent pas à adopter cette tradition qui semblait leur fournir un nouvel argument en faveur de leur théorie d'une submersion générale du Sahara aux temps préhistoriques. Mais l'étude approfondie du régime des eaux artésiennes a démontré que l'existence d'une mer souterraine était invraisemblable. En effet, si l'on jette un coup d'œil sur une carte détaillée de la région du chott Melrhir, on voit tout de suite que les sources naturelles et artificielles, loin d'être réparties indifféremment à la surface de cette large plaine, sont groupées les unes à côté des autres en lignes régulières. D'où l'on peut conclure avec M. Rolland que les eaux artésiennes ne forment pas une nappe ordinaire, renfermée dans un réservoir clos, mais des lignes continues, de largeur restreinte par rapport à la longueur et presque toutes parallèles au lit desséché des vallées d'érosion.

Il ne faudrait pas toutefois, ainsi que l'a fait M. Berbrugger, considérer ces lignes comme des rivières souterraines. D'où viendraient en effet, où iraient ces rivières qu'on ne voit naître ni sortir nulle part? En second lieu, le mot rivière implique l'idée d'un courant plus ou moins rapide, et d'un lit plus ou moins profond, limité par des berges. Or l'étude topographique du Sahara contredit cette théorie fluviale. Les eaux artésiennes présentent bien un écoulement réel entre leur point d'origine dans l'Atlas et leur point de sortie dans le désert, mais c'est un écoulement général et d'allure presque insensible. Il a été reconnu, d'autre part, que ces eaux n'occupaient pas un chenal isolé latéralement, mais qu'elles étaient, comme nous l'avons dit plus haut, répandues, infiltrées dans la masse des terres perméables, où elles formaient un puissant réseau d'artères liquides, reliant ensemble par leurs innombrables ramifications tous les puits et toutes les sources du désert[1].

Nous ne croyons pas devoir abandonner cette étude des eaux artésiennes du Sahara sans dire quelques mots de leurs propriétés physiques et chimiques. Les analyses auxquelles ces eaux ont été soumises par M. l'ingénieur Ville et par MM. Vatonne et de Marigny, ses aides au laboratoire du service des mines à Alger, ont donné, par litre, de 1 à 3 grammes de sulfates de chaux et de magnésie, plus quelques traces de chlorures de sodium et de magnésium. Ces proportions sont souvent dépassées : l'eau de l'oued Rhir en particulier ne contient pas moins de 4 à 5 grammes et parfois 8 grammes de sels par litre[2]. Il en est de même des sources de Dibbela, dans le Sahara oriental, entre Agadem et Bilma. Toutes ces eaux si belles et si limpides du désert sont de véritables eaux minérales, jouissant de propriétés purgatives très énergiques, et dont l'ingestion, inoffensive pour les indigènes, peut engendrer chez les Européens des dysenteries presque toujours mortelles, comme le prouve l'accident survenu à M. Warrington, interprète du Dr Vogel au Soudan, lors

1. Rolland, *passim.* — Ville. — Grad.
2. Duponchel. *Excursion dans l'Oued-Rhir.*

de son passage à Dibbela. L'eau de l'oasis d'El Goléah fait seule exception à la règle : elle ne contient que 0 gr. 2377 de sels par litre.

Ajoutons que la plupart de ces solutions salines, constamment surchauffées par le soleil, sont en même temps des eaux thermales, dont la température moyenne est de 24°,4.

II. LA VÉGÉTATION DANS LE SAHARA.

L'eau étant le principe de toute végétation, celle-ci ne saurait manquer dans le Sahara et son aspect sera d'autant plus florissant que la quantité d'eau disponible sera elle-même plus considérable. Certaines plantes ont un robuste tempérament qui leur permet de s'accommoder de terrains légèrement humides et parfois même très secs. D'autres plus délicates exigent au contraire des irrigations abondantes, des soins continuels et ne peuvent se passer du secours de l'homme. Le Sahara possède ainsi, comme nos pays tempérés, une flore sauvage et une flore domestique; il a ses *stations naturelles*, constituées par des plantes qui croissent spontanément et vivent à l'état libre, et ses *stations artificielles*, les oasis, où l'on ne trouve que des végétaux cultivés.

§ 1. STATIONS NATURELLES.

Le degré d'humidité du sol dépendant de sa perméabilité, il en résulte que les stations naturelles du Sahara correspondent à des régions géologiques déterminées, à celles où le sable prédomine, c'est-à-dire aux atterrissements et aux dunes. En second lieu la flore de chacune de ces deux régions est dissemblable par suite des différences d'altitude que présente le relief de la surface dans chacune d'elles. La végétation des atterrissements où s'accumule dans les bas-fonds, — oueds et daïas, — tout le terreau charrié par les averses est caractérisée par des espèces isolées les unes des autres, aux touffes clair-semées, arrondies et basses. Dans l'Erg au contraire, la végétation est vigoureuse ; mais incessamment broutée par les animaux elle apparaît en broussailles rabougries, en maquis épineux et impénétrables dont la teinte rougeâtre s'harmonise avec celle du sol.

En général la physionomie de toutes ces plantes sauvages du Sahara ne rappelle que de très loin celle de leurs sœurs de l'Europe ou du Tell. Elles n'en possèdent ni les teintes éclatantes, ni l'élégance de formes, ni la fraîcheur parfumée. Vraies filles du désert, elles semblent refléter dans tous leurs traits flétris la sombre tristesse qui l'accable. Leur couleur terne, leurs branchilles nues et grêles, leur tige criblée de gerçures et de nodosités tantôt roidie, tantôt tordue comme une mystérieuse souffrance, dénoncent leur sourde résistance aux cruautés d'une nature marâtre, leur lutte incessante contre le soleil qui les brûle, contre le vent qui les secoue, contre le sable qui les fouette et les écrase. Et cependant, si misérables qu'elles paraissent, elles n'en sont pas moins une ressource précieuse, une vraie providence pour le nomade en lui fournissant le fourrage nécessaire à ses chameaux.

La flore du Sahara n'a pas toujours d'ailleurs cet aspect souffreteux que nous venons de dire. Au printemps, à cette époque bénie du renouveau, le désert reprend ses vêtements de fête comme pour saluer le retour de l'avril. Alors les daïas se couvrent de frais pâturages rappelant,

avec lescentaines de juments accourues de tous les douars
environnants pour prendre part à ce rare et succulent
festin, les grands parcs d'élevage dont les pelouses de
ray-grass verdoient autour des haras seigneuriaux du
Hampshire et du Norfolk. Alors les ravines ordinairement si tristes et si sèches de la Chebka, maintenant em-
plies du murmure des ruisseaux, envahies par les herbes
folles et les jeunes pousses, donnent l'illusion de ces coulées humides et sinueuses qui caractérisent notre pays
normand. Alors le pourtour des areg disparaît dans la
buée bleuâtre des feuillages précoces; des légions
graminées y surgissent, dont la nappe épaisse ondule en
longs frissons de moire sous les caresses de la brise, et les
arbustes régénérés s'étoilent de mille fleurs dont le subtil
arome fait battre plus vite le cœur du voyageur européen
en y évoquant le souvenir des campagnes natales[1].

Quelle délicieuse gerbe on composerait avec toutes les
plantes ravies à ces parterres improvisés du Sahara! Voici
d'abord dans les gorges mzabites l'*akarba* ou rose de Jéricho (anastatica hierunticha) dont les propriétés hygrométriques sont bien connues du Bédouin, puis tout à
l'autre bout du désert dans la vallée des Ighargharen, le
modeste et joli *chebreb* (zillama croptera); plus au sud en
core on trouve l'*ellona*, plante qui appartient comme la
précédente à la famille des crucifères et dont les fleurs
violettes, luisant au milieu d'un feuillage glauque et pul-
peux, ressemblent à des améthystes couchés au fond d'un
écrin de velours vert. Plusieurs espèces d'héliotropes,
d'armoises, de géraniums, d'hélianthèmes, égayent encore les oueds sahariens. Un des hôtes les plus gra-
cieux de ces vallées est le *mélanthe ponctué*, sorte de col-

---

1. Niox. *L'Algérie.* — Ch. Martins. *Le Sahara.*

chique dont les corymbes d'un blanc carné entourées
d'une verte collerette de feuilles linéaires donnent l'illusion
de quelque frais bouquet de bal tombé là par hasard.
Citons encore le *hhelma* (lithosporum callosum). Après
une ondée, les feuilles du hhelma prennent un ton vert
tendre et le sommet de la tige ouvre une ombelle de fleurettes. à corolle polypétale jaune mouchetée de rouge.
Mais après quelques jours de sécheresse, quelle métamor-
phose! Les fleurs sont tombées, les feuilles sont devenues
d'un blanc mat comme l'argent, et une foule de petits
trous crible leur parenchyme qui bientôt disparaît à son
tour ne laissant que les nervures[1].

Dans le bas Sahara croît presque partout la *schieh*, ou
petite absinthe, que nous avons déjà rencontrée dans les
déserts arabiques et mongols, et dont les indigènes emploient les feuilles pour parfumer leur tabac. Moins
agréable, mais assurément plus utile, est la coloquinte ou
haddadj (cucumis colocynthis), dont les rameaux chargés,
suivant la saison, de fleurs jaunes ou de fruits ronds et
dorés comme des oranges, tapissent les talus escarpés des
ravines. On sait que les graines de la coloquinte renferment un alcaloïde très amer, la colocynthine, qui jouit de
propriétés purgatives très énergiques. Ce fait n'est pas
ignoré des Sahariens qui emploient fréquemment l'infusion de haddadj, additionnée de quelques gouttes d'ail,
dans le traitement des morsures de bêtes venimeuses.
Ajoutons que ces mêmes graines, débarrassées de leur
principe médicamenteux par la torréfaction, leur fournissent sous le nom de *taberka* un aliment fort apprécié.

Le Grand-Désert n'a pas malheureusement que des plantes
utiles, il a aussi des plantes nuisibles. Telle est, pour n'en

_____

1. Largeau. *Le Sahara algérien.*

citer qu'une, cette espèce de jusquiame appelée *falezlez*
par les Touareg et *bethimâ* par les Arabes. On la trouve
surtout dans la région du Hoggar et du Tassili des Azdger.
Elle offre un aspect vraiment sinistre avec ses fleurs
pâles en forme de cornet et ses feuilles charnues striées
de nerfs blanchâtres. Et en effet, un poison violent gonfle
ces feuilles dont une seule mâchée par mégarde suffit pour
tuer un homme en quelques heures, ou tout au moins
pour déterminer des troubles cérébraux intenses, qualifiés
de *folie* par les indigènes. C'est en mêlant des feuilles de
falezlez à des dattes pilées que les Touareg essayèrent
d'empoisonner les survivants de la deuxième mission
Flatters. Tous subirent à des degrés divers les effets de
cette funeste nourriture : les uns tombaient sans pouvoir
se relever, les autres pris de vertige, atteints d'une sorte
d'ivresse furieuse, couraient au hasard en poussant des
cris incohérents. Les feuilles de falezlez n'exercent pas
une action moins foudroyante sur le chien et le cheval :
seuls, les ruminants peuvent en manger impunément.

Les espèces sous-arborescentes sont assez rares dans
les oueds et les daïas. Leur représentant le plus remarquable et aussi le plus répandu est l'*azel*. Cet arbuste
qui atteint parfois dans l'oued Souf jusqu'à 5 mètres d'é-
lévation se couvre, au printemps, de fleurettes blanches
pareilles à celles de l'aubépine dont elles possèdent le
parfum rustique et si délicat[1].

Dans les hautes vallées du Sahara algérien, entre Metlili
et Goléah, dans celles de la Tunisie méridionale, et dans
les gorges de la Hamada-el-Homra on rencontre les deux
variétés du *sidr* ou *sedra* (zizyphus lotus et zizyphus spina
Christi), que nous avons déjà signalées en Arabie, et au-

---

1. Capitaine Bernard.

quel ses robustes épines ont valu de la part de nos troupes d'Afrique le pittoresque surnom de « capota dechirator ». Dans les mêmes parages on trouve le *câprier* (kebbar) aux touffes épineuses et rampantes piquées de fleurs roses [1], le *belbel*, le *metenam* ou hymélée cotonneux, et l'épineux *akoul* (alhagi maurorum [2]).

Déjà très pauvre en espèces arbustives, la flore sauvage du Sahara ne l'est pas moins en espèces arborescentes. Le nombre de ces dernières se réduit à deux : les *tamarix* et les *betoums*. A vrai dire, leur beauté rachète leur rareté. Les tamarix du Sahara sont, au dire de tous les voyageurs, des arbres superbes. Rien de plus agréable, de plus rafraîchissant pour l'œil que leur feuillage bleuâtre, fin comme la chevelure d'une jeune fille, rien de plus magnifique et qui rappelle mieux les chênes centenaires de nos forêts, que leur tronc énorme labouré de sillons parallèles [3]. Ils forment ici trois variétés : le *T. articulata*, ou éthel, le *T. pauciovulata* appelé « tharfa » dans le Tell, et, *arîch* « tache de sang » dans le désert, à cause de ses fruits d'un rouge vif, enfin le *T. gallica*, dont les feuilles sont couvertes de galles (takaout) fournissant un des meilleurs tannins connus.

Les tamarix trouvent de dignes rivaux dans les betoums — pistachiers ou térébinthes. — Ceux-ci abondent dans les daïas où, disséminés par groupes de douze à quinze et parfois cinquante individus, ils forment non seulement la plus saisissante étude de paysage, mais encore autant de préaux naturels avidement recherchés du voya-

---

1 Duveyrier. *Revue algérienne et coloniale*, 1860.

2. Dournaux-Duperré. *Journal de route.* — Dr Nachtigal. *Sahara et Soudan.*

3. Colonel Trumelet. Ouv. cit. — Dr Seriziat. (*Revue scientifique* 1880.)

geur. Avec leur branchage touffu qui, sans cesse brouté
à sa partie inférieure par la dent des chameaux de passage, s'étale horizontalement au lieu de monter, les
betoums se dressent ainsi que de magnifiques ombelles
projetant sur le désert ensoleillé des ombres noires
comme de l'encre. De plus, le fruit (gouddham) est bon
à manger; le tronc, comme celui des térébinthes de
l'Archipel, laisse couler une résine parfumée, excellente,
dit-on, pour fortifier les gencives; la feuille possède la
propriété de rafraîchir la gorge et sa fumée celle de
délasser les membres[1]. Que de surprises charmantes le
Sahara réserve ainsi à ses visiteurs !

Les terres salées, les sebkhas qui recouvrent, on le
sait, de grandes surfaces dans le Sahara, ne sont pas
improductives comme chez nous. Elles exercent en effet
sur l'atmosphère une action qui leur permet d'absorber
une certaine humidité favorable à la croissance d'une
végétation spéciale, celle des *salsolacées*, plantes grasses
dont les feuilles gonflées de sève fournissent aux animaux, qu'elles attirent par leur forte odeur, une nourriture des plus rafraîchissantes. Tels sont le *guethaf* (atriplex halimus), le *dhomran* (tragamum nudatum), le *haddh*,
enfin le *hennat* ou *alga* (henophyton deserti).

Mais c'est surtout dans la région des grandes dunes,
dans l'Erg tant calomnié, que la flore sauvage du Sahara
présente son développement le plus considérable. Men-
tionnons parmi les espèces herbacées, le *cbéit* ou *drinn*
(arthatherum pungens), qui n'est autre que le côbath du
Nefoud, le *neci* ou *nocy* (arthatherum plumosum); le *diss*
ou *cfàr* (arthatherum brachyoterum), le *gueddam* (caroxylon tetragonum) et son congénère le *remts* (caroxylon

____
1. Colonel Trumelet. (Ouv. cit.)

articulatum), le *bouss el begra*, c'est-à-dire « baiser de la vache » (cyperus conglomeratus), ainsi appelé à cause de la préférence que lui donnent les antilopes sur toutes les autres espèces de fourrages.

La végétation arbustive est représentée dans l'Erg par une collection de sujets remarquables. Nous signalerons, entre autres, le *merkh* (genista Saharæ), espèce de genêt qui forme d'épais bosquets dans les endroits très humides ; le *retem* (retama rætam), dont le nom veut dire « cassé, brisé », parce que, lorsque cet arbuste a atteint toute sa croissance, sa tête se penche sur le sol pour y prendre de nouvelles racines. Sa beauté est d'ailleurs des plus originales, grâce à ses fleurs papilionacées blanches et noires. Elles exhalent un parfum des plus suaves qui se communique au lait des chamelles toujours très friandes de cette plante.

N'oublions pas le *dahnoun* et le *zeita*. Le dahnoun (phœlipea violacea) appartient à la famille des orabanches ; sa tige écailleuse, courbée en croissant et piquée de fleurs jaunes, rappelle le « ·bouillon-blanc » de nos jardins de campagne. Le zeita (limoniastrum guyonianum) est un joli arbrisseau au feuillage blanchâtre, aux fleurs d'un rouge-amaranthe. Ce qui le caractérise particulièrement, ce sont ses baies remplies d'un suc gras semblable à l'huile d'olive, d'où ce nom de « zeita » qui veut dire riche en huile [1].

Enfin, dans les dunes, on trouve quelques beaux arbres ; les plus communs sont l'*ézal*, l'*hyphène* et. le *talha*.

1. Largeau. — Duveyrier. — Scriziat (ouv. cités).

§ II. Stations artificielles.

Si agréables .et en même temps si utiles que soient tous ces arbres de plein vent, tous ces libres enfants du Sahara, dont nous venons de donner l'énumération, ils sont loin de valoir ceux que l'homme a pris sous son égide, qu'il a plantés et qu'il cultive en certains points déterminés du désert, et jamais, sous le rapport économique comme au point de vue esthétique, les « rhabas », les forêts de gommiers, de térébinthes et de tamarix ne vaudront les admirables vergers des oasis, iles verdoyantes, tantôt isolées, tantôt groupées en archipels, de cet océan aux vagues rigides ou poudreuses qu'on appelle le désert.

Les oasis ne sont pas arbitrairement disséminées dans l'immense étendue saharienne, mais elles occupent toujours un emplacement disposé pour recevoir des arrosages abondants et réguliers et se trouvant par suite en communication directe avec une nappe aquifère quelconque, courante ou stagnante, superficielle ou souterraine.

Voici le tableau des principales, avec le chiffre approximatif de leurs palmiers :

Dans le Sahara marocain : le *Tafilet*, 200 000 palmiers; *Figuig*, 100 000; le Touat (Gourara, Tidikelt, etc.), 1 million;

Dans le Sahara algérien : le *Mzab*, 200 000 palmiers; le *Zab* ou les Zibans, 900 000; l'*Oued-Rhir*, 650 000; *Ouargla*, 408 000; le Souf, 154 000;

Dans le Sahara tunisien : le *Nefzaoua*, 1 million de palmiers; le *Beled-ed-Djérid*, 1 200 000 ;

Dans le Sahara tripolitain : *Ghadamès*, *Ghât*, chacune

avec 500 à 600 000 palmiers, et le groupe du *Fezzan* qui en compte près de 900 000.

On le voit par le tableau ci-dessus, toutes les oasis du Sahara sont loin d'avoir la même valeur productive. Ceci tient à la plus ou moins grande abondance de l'eau ainsi qu'au mode d'irrigation employé pour l'entretien des palmeraies. Le mode d'irrigation dépend lui-même de la nature du réservoir d'alimentation. On distingue ainsi, à ce point de vue, dans le Sahara, plusieurs espèces d'oasis dont voici le tableau :

Oasis alimentées par des eaux superficielles, ou *oasis de rivière*.

Oasis alimentées par des eaux souterraines.
- provenant de la nappe ascendante — directement, ou *oasis d'excavation*.
- provenant de la nappe ascendante — indirectement, ou *oasis à puits ordinaires*.
- provenant de la nappe artésienne — naturellement, ou *oasis à sources*.
- provenant de la nappe artésienne — artificiellement, ou *oasis à puits artésiens*.

Empressons-nous d'ajouter avec M. Roland que cette classification n'a rien d'absolu ; car il arrive souvent qu'un même groupe d'oasis utilise simultanément les divers systèmes d'irrigation que nous venons d'indiquer. Ainsi les oasis de Zibans sont irriguées tantôt par des chriats, tantôt par des eaux dérivées de l'oued Biskra.

Les oasis de rivière sont, comme leur nom l'indique, celles qui sont placées sur des cours d'eau temporaires ou permanents. On ne peut donc rencontrer ce type que dans la partie du Sahara située au pied même de l'Atlas et sillonnée d'oueds soumis à des crues périodiques. Elles utilisent une partie de ces crues pour leurs irrigations ; le reste du temps, les eaux qui filtrent sous les graviers sont retenues au moyen de barrages. C'est le procédé employé dans la partie des Zibans riveraine de l'oued Biskra, ainsi qu'à Figuig, oasis arrosée par l'oued Halouf.

L'irrégularité et la faiblesse des rivières sahariennes relègue les stations ainsi alimentées à un rang inférieur, et, règle générale, les oasis prospères sont celles où l'on dispose d'eaux souterraines à débit constant[1]. Telles sont les *oasis d'excavation*. Elles n'existent qu'au Souf. Là, chaque palmier est planté dans un trou conique (*ritan*) allant jusqu'à la nappe souterraine, profonde de 3 ou 4 mètres, de telle sorte que les racines de l'arbre plongent constamment dans l'eau pendant que sa tête se nourrit d'air et de soleil. Les bords de la fosse sont protégés sur une hauteur de 6 à 12 mètres, par un bourrelet sableux formé avec les déblais et dont la crête mobile est consolidée tantôt par des haies de djérid, tantôt par des cristaux de gypse de toute forme et de toute grosseur, alignés, dit M. Ch. Martins, comme dans une galerie de minéralogie. Ainsi abrités du vent et de la poussière, soumises dans ces ritans, véritables fours ardents sous la réverbération solaire, à une chaleur sans lumière et d'autant plus efficace, les dattes, presque toutes d'espèce fine d'ailleurs, acquièrent une grosseur et une saveur qu'on ne trouve nulle part ailleurs.

Les oasis de la Chebka du Mzab sont moins favorisées. Ici, en effet, point de nappe artésienne ni même permanente, mais seulement des puits qui ne s'emplissent que par une lente infiltration[2]. Ces puits ressemblent à ceux de nos jardins maraîchers ; leurs dispositifs consistent essentiellement en une bascule et une poulie. A côté se trouve placé un grand bassin maçonné dans lequel on verse l'eau à mesure qu'elle est puisée, et qui

1. Largeau. *Voyage au pays de Rihra.*
2. Masqueray. *Journal « le Temps »*, 1885. — Général Colonieu. *De Géryville à Ouargla* (Tour du Monde).

est percé d'un certain nombre de trous, en rapport avec celui des jardins à irriguer.

Ce primitif système d'arrosage, dont l'application impose de si pénibles efforts au cultivateur, n'est pas spécial à la Chebka. La plupart des palmeraies du Sahara central et méridional n'en connaissent pas d'autre ; ce sont des *oasis à puits ordinaires*.

Les chriats et les behour donnent naissance aux *oasis à sources*. Quels avantages elles offrent sur les précédentes au point de vue hydraulique ! L'eau en jaillissant s'écoule à la surface du sol ; on n'a qu'à la capter et à la canaliser. Avec un minimum de travail, l'heureux indigène peut ainsi obtenir de ses dattiers le maximum de production. Ghadamès et Ghât dans le Sahara tripolitain, le Djérid et le Nefzaoua dans le Sahara tunisien, le Zab occidental dans le Sahara algérien, constituent, grâce à leur richesse en eaux vives, autant de stations privilégiées, dont les exportations fruitières encombrent littéralement tous les marchés de l'Afrique du Nord.

On le voit déjà par l'exposé qui précède, chacune des grandes régions d'oasis du Sahara possède un procédé d'irrigation particulier, approprié au régime aquifère local. Pour que cette démonstration soit complète, il nous reste à étudier le système des puits artésiens, appliqué dans les oasis de l'oued Rhir et de l'oued Mya. Disons d'abord qu'on distingue ici deux sortes de puits artésiens : les puits arabes, coffrés en bois, et les puits français, tubés en fer.

La perforation d'un puits indigène est un travail assez compliqué, exigeant le concours d'ouvriers spéciaux, les *m'eallen* ou mineurs. On peut le diviser en trois parties : le forage, le coffrage et le percement de la « hadjirat el mazoul ». Les m'eallen commencent par creuser un trou carré, de 5 à 6 mètres de côté, qu'on appelle l'*ammâ*. Par suite des infiltrations de la nappe souterraine supérieure, cette excavation ne tarde pas à se remplir d'une eau noire et fétide désignée par les oasiens sous le nom d' « *oued el fassed*, la rivière corrompue ». On s'empresse de la vider, puis, pour prévenir le retour de ces eaux parasites, dont les affouillements pourraient d'ailleurs entraîner l'éboulement des parois sableuses de l'ammâ, on procède au coffrage. Cette opération consiste à revêtir les parois du puits d'une série de cadres en bois de palmier que l'on assemble au moyen de tenons et de mortaises, et dont on remplit les interstices avec un ciment très dur, mélange d'argile, de noyaux de dattes pilées et de saâf, ou bourre de dattier. On continue ensuite à creuser jusqu'à ce qu'on atteigne l'assise rocheuse, la dalle de grès (hadjirat el mazoul) qui recouvre la nappe artésienne. Le rôle des m'eallen est alors fini.

L'exécution de ces divers travaux forme un des plus saisissants tableaux de mœurs du désert, un spectacle des plus pittoresques, dont la mise en scène contraste singulièrement par son caractère infernal avec la splendeur élyséenne de la nature environnante. Rien de plus étrange en effet, et aussi de plus effrayant à contempler, que ces hommes aux trois quarts nus, engloutis et vomis tour à tour par le gouffre béant aux profondeurs mystérieuses. Rien de plus original que l'aspect présenté par les rudes fontainiers du Sahara en leurs différentes attitudes. Les uns se reposent : accroupis en cercle autour d'un feu qui éclaire leur corps bronzé, souillé de boue rougeâtre des pieds à la tête, ils font songer à quelque ronde grimaçante de démons. Les autres travaillent : on les voit, les jambes arc-boutées, le torse et les reins cambrés, tous les muscles tendus, remonter avec effort les outres pleines d'eau fangeuse, tantôt manœuvrant lentement, en cadence et chantant une sorte de mélopée sauvage, tantôt, excités par le propriétaire, se pressant avec des gestes fous, de furieuses imprécations et des cris perçants qui s'entendent à plus d'un kilomètre de distance.

Le percement de la « hadjirat el mazoul » donne lieu à des scènes non moins émouvantes. Cette opération, confiée à un spécialiste, le *haffar* ou maitre foreur, muni d'un simple pic, est des plus périlleuses. Il arrive souvent que la colonne liquide, au lieu de s'épancher doucement au niveau du sol, jaillit à l'improviste, enveloppant dans ses remous le malheureux ouvrier et le rejetant au dehors complètement asphyxié. D'autre part l'entréprise ne réussit pas toujours, la dalle résiste et on est alors obligé d'abandonner tous ces travaux si péniblement commencés. « Aussi, rapporte M. Duval, les haffars qui comptent de nombreux succès acquièrent-ils dans le désert une réputation lointaine qui fait rechercher leur concours et bien payer leur talent. »

Le puits creusé, il faut l'entretenir en bon état. Au bout de quelques mois, le boisage commence à fermenter, il pourrit, et, les cadres s'affaissant, les parois s'éboulent. Tous ces débris ligneux, auxquels s'ajoutent les sables roulés de l'extérieur par les vents, s'entassent dans le conduit qu'ils finissent par obstruer complètement. Il est donc indispensable de le curer de temps à autre. C'est l'affaire des *rhetassin* ou plongeurs.

Ce déblaiement n'est pas aussi facile qu'on pourrait le supposer au premier abord. Les accidents sont fréquents, inévitables pour ainsi dire, et presque toujours suivis de mort d'homme. Aussi l'ouverture des travaux est-elle

Rhetassin curant un puits à Ouargla.

toujours précédée d'une imposante cérémonie. A l'heure fixée, les rhetassin viennent tous se ranger autour du puits. L'un d'eux s'approche lentement, dépose des charbons ardents sur la margelle et y jette de l'encens. C'est un hommage aux génies de la mer intérieure, un appel à leur aide. Un silence solennel règne dans l'assistance. Plus de chants, plus d'éclats joyeux. Le gouffre où va s'engloutir un être plein de vie gardera-t-il ou rendra-t-il sa proie[1]?

Avant de descendre, le rhetass ne néglige d'ailleurs aucune précaution : il se bouche hermétiquement les oreilles avec du coton imbibé de graisse, il se mouille la tête et la poitrine, afin d'éviter la trop brusque transition du chaud au froid, il tousse, crache, se mouche, fait une série d'aspirations et d'expirations bruyantes puis tout d'un coup se laisse glisser au moyen d'une corde munie d'un panier. Arrivé au fond du puits, il ramasse les débris avec les mains. Le panier rempli, il remonte,... dans quel triste état! Sa face est toute congestionnée, parfois le sang lui sort par le nez, la bouche et les oreilles!....

Les rhetassin ne travaillent que de huit heures à midi, car ils doivent être à jeun. Ils peuvent dans cet intervalle opérer cinq ou six descentes et rester chaque fois de trois à quatre, et parfois six minutes sous l'eau. Mais combien succombent au fond du puits, les uns asphyxiés, les autres par suite de la rupture d'un vaisseau! Aussi leur nombre diminue-t-il de jour en jour, et ils ne sont pas remplacés.

Les grandes oasis du Touat sont arrosées, comme celles de la région septentrionale, au moyen de puits artésiens, mais ici la configuration topographique du terrain, incliné

1. Berbrugger. *Les Oasis de l'Oued-Rhir*.

en pente douce, a permis d'introduire dans ce mode d'irrigation certains perfectionnements. Les puits, au lieu
d'être isolés, communiquent tous ensemble par des con-
duits souterrains pavés de larges dalles. C'est le système
des *feggara* ou puits à galeries, système assez simple
d'ailleurs. La nappe d'alimentation se trouvant au sommet
de la pente, et les puits s'échelonnant sur cette pente les
uns au-dessous des autres, la déclivité du sol détermine
une pression qui chasse l'eau du bassin le plus élevé vers
ceux placés plus bas [1].

Les difficultés et les dangers que présente la création
et l'entretien des puits coffrés les a fait remplacer, en
beaucoup d'endroits par des puits tubulaires. Cette substi-
tution n'est pas ancienne : elle date de notre conquête
de l'Algérie, ou pour mieux préciser, de l'occupation de
l'oued Rhir, en 1855, par la colonne expéditionnaire du
général Desvaux.

A cette époque l'oued Rhir était dans une décadence
complète : abandonnés des habitants, ses ksour tombaient
en ruines; privées d'eau par suite de l'ensablement des
puits et de l'impossibilité d'en ouvrir de nouveaux, ses
palmeraies, jadis si belles, disparaissaient les unes après
les autres. « Si Dieu, disaient les Arabes, le possesseur
des miracles, ne vient à notre aide, dans dix ans l'oued
Rhir sera enseveli sous le sable. » Pour ressusciter la
grande vallée saharienne, pour lui rendre cette force de
production qui en avait fait jadis le grenier d'abondance
des Romains, il n'y avait qu'un remède : l'eau. Le général
Desvaux le savait. Administrateur habile autant qu'officier
intrépide, il comprit que le meilleur moyen d'asseoir

1. Duveyrier. *Les Touáregs du Nord.* — Général de Colomb. *Les
Oasis du Sahara.* — Le Chatellier. *Notice sur le régime des eaux
dans le Tidikelt.*

notre domination dans ce pays était de nous attacher nos ennemis de la veille par les liens de la reconnaissance. Instruit par les ouvrages de Fournel, de Berbrugger et surtout de l'ingénieur des mines Dubocq, qui avait exploré la région quelques années auparavant et montré quel parti l'on pouvait tirer des eaux souterraines avec l'outillage européen, il entreprit de sauver l'oued Rhir en y introduisant la sonde artésienne[1].

Mais, avant d'aller plus loin, peut-être ne sera-t-il pas inutile d'entrer dans quelques détails techniques. Disons d'abord qu'une sonde artésienne se compose : 1° d'une *tête* destinée à la suspendre ; 2° d'*outils*, — trépan ou tarière — qui servent, le premier, à attaquer les roches dures, le second à percer les terres friables ; 3° d'une *tige* qui réunit la tête aux outils. L'instrument est manœuvré au moyen d'un ensemble de machines telles que treuils, poulies, etc. Le tout constitue ce qu'on appelle un *équipage de sonde* ou *appareil de sondage*. Voici maintenant comment on procède : on place d'abord sur le sol un fort madrier qui a pour but d'empêcher les éboulements superficiels. Puis on met la sonde en place, après l'avoir préalablement munie d'une tarière, et, lui imprimant un mouvement de rotation, on lui fait traverser, à la manière d'une vrille, toutes les terres végétales et argileuses. Arrivé au roc, on substitue le trépan à la tarière et l'on agit, non plus par rotation, mais par percussion, c'est-à-dire qu'on soulève la sonde à une certaine hauteur et qu'on la laisse retomber de façon à broyer la roche petit à petit. Le trou de sonde est ensuite muni d'un certain nombre de *tubes*, généralement en tôle de fer, qu'on assemble bout à bout, et le vide existant entre les parois du trou

1. Rolland. *Revue scientifique*, juillet 1887.

et le contour extérieur du tubage est comblé avec du béton.

La première expérience de forage eut lieu à Tamerna, oasis située dans la région centrale de l'oued Rhir. Elle fut exécutée par deux ingénieurs français, MM. Charles Laurent et Jus, mandés par le général Desvaux. Un plein succès la couronna : le 19 juin 1856, date a jamais mémorable dans les annales du Sahara, la sonde fit jaillir une colonne magnifique donnant 4 010 litres à la minute, 610 litres de plus que le puits de Grenelle à Paris.

Il serait impossible de décrire le saisissement des Arabes devant un tel spectacle qui rappelait le miracle de Moïse frappant le rocher de sa baguette. Leur joie tenait du délire. Ils pleuraient, ils s'embrassaient, et vaincus par une telle démonstration de la puissance de nos moyens d'action, oubliant tout fanatisme, ces farouches sectateurs du Prophète, venaient baiser les vêtements des « roumis » abhorrés, devenus des sauveurs. Cette source limpide reçut le nom de « Fontaine de la Paix ».

Après Tamerna ce fut le tour de Sidi-Rached. L'oasis agonisait. En vain les habitants avaient essayé de creuser un dernier puits : à 54 mètres de profondeur ils avaient rencontré un banc gypseux, si dur que le pic des meilleurs haffars n'avait pu l'entamer. Quelques jours encore et cette population allait se disperser, laissant le désert achever son œuvre de mort. C'est alors que l'atelier français arriva : M. Jus fit sonder le puits abandonné, et, après quatre jours de travail, la hadjira el mazoul, forée de part en part, livra passage à une magnifique colonne d'eau débitant 5 010 litres à la minute. Alors les scènes enthousiastes de Tamerna se renouvelèrent : les mères voulurent baigner leurs enfants dans cette rivière bénie. Le vieux sheik de Sidi-Rached ne put maîtriser son émotion à la

Puits artésien d'El-Mrayer.

vue de ces flots qui rendaient la vie à l'oasis de ses pères : tombant à genoux il éleva ses mains tremblantes vers le ciel pour remercier le Dieu des chrétiens[1].

Encouragée par ces heureux débuts, l'autorité militaire se chargea de continuer l'œuvre du général Desvaux. De nombreux officiers se dévouèrent à cette pacifique conquête du désert et briguèrent à l'envi l'emploi de chef de sondage. Citons, parmi ces ouvriers de la première heure, les commandants Lebaut et Zichel, Auer, Lillo, Bourotte, Genvrot. En huit ans ils ouvrirent 72 puits. Le résultat ne se fit pas attendre. Quelques chiffres en feront mieux ressortir l'importance. En mai 1856, les oasis de l'oued Rihr au nombre de 51 ne disposaient pour leurs irrigations que de 282 puits artésiens arabes, la plupart sur le point d'être taris et débitant ensemble 55800 litres d'eau par minute ; elles ne possédaient que 136000 palmiers, vieux presque tous et d'un médiocre rapport. Trente ans après, en 1886, le nombre des puits artésiens était de 606, dont 492 puits coffrés en bois et 114 puits tubulaires, avec un débit total de 254000 litres d'eau par minute ; les oasis, au nombre de 43, comptaient environ 650000 palmiers, d'un revenu annuel de plus de 2 millions de francs[2].

Ajoutons que les oasis de l'oued Mya n'ont pas été négligées non plus : en 1882 la division d'Alger y a fait entreprendre des sondages sous la direction d'un de nos officiers les plus distingués, M. le capitaine Le Châtellier, chef du poste militaire d'Ouargla. En 1886 le nombre des puits tubés en fer était déjà de 7, dont un donnant 1 200 litres à la minute.

L'initiative privée n'a pas craint de suivre le gouver-

<hr>

1. J. Duval. *Les Puits du Sahara*.
2. Jus. — Rolland. *Revue scientifique*, juillet 1887.

nement dans cette voie féconde de la colonisation du
Sahara par la sonde artésienne. En 1875 deux explorateurs français, MM. Fau et Foureau, fondèrent la « Compagnie de l'oued Rhir », dont le premier acte fut d'acheter
quelques oasis des Zibans mises en vente par l'admi-
nistration des domaines. Mais, comme le dit fort bien
M. Rolland, ce qui importe surtout pour l'avenir des
annexes sahariennes de l'Algérie, ce n'est pas tant de
voir des oasis déjà existantes changer de mains que
d'en voir surgir de nouvelles là où auparavant il n'y
avait rien. On entreprit donc de créer des oasis de toutes
pièces, des oasis modèles, c'est-à-dire placées non plus
dans un fond comme les oasis indigènes, mais sur un
point élevé, où la source puisse jaillir avec assez de force
pour qu'un seul puits desserve des plantations étendues,
et pour que le trop-plein des eaux d'arrosage soit facilement évacué loin des cultures, assez espacées aussi,
pour que l'alimentation limitée des gisements aquifères
s'oppose à la multiplication des sondages et que, trop
rapprochés, ceux-ci se nuiraient mutuellement[1].

L'honneur de cette innovation revient à un Arabe
naturalisé Français, au capitaine de spahis Ben-Driss.
En 1879, il fit creuser au milieu des plaines d'Ourlâna,
au sommet du mamelon de « bala en Mouida », un puits
magnifique donnant 5 mètres cubes par minute; puis, sur
les pentes de l'éminence, il planta 5000 palmiers.

La Compagnie de l'oued Rhir suivit cet exemple.
En 1881 elle créa l'oasis de Chria Saiah. La même année
M. Rolland fonda, avec M. Jus et le marquis de Courcival,
la « Société agricole du sud algérien », qui en cinq ans
fit surgir, au milieu de terrains absolument nus et arides,

1. Capitaine Bajolle.

trois palmeraies presque entièrement composées de deglet nour : Ourir, Coudiat Sidi Yahia et Ayata. « Il faut, dit avec une légitime satisfaction, M. Rolland, avoir visité les lieux, les avoir connus déserts et stériles et les retrouver aujourd'hui habités et verdoyants avec de petits villages pleins d'animation, avec des plantations s'étendant à perte de vue, pour se rendre compte de la somme d'efforts et d'activité qu'a exigée une semblable transformation en aussi peu de temps ».

Depuis lors le nombre des forages n'a fait que s'accroître, et l'on peut déjà prévoir l'époque où les caravanes pourront, entre Batna et Ouargla, marcher à l'ombre d'une forêt continue de palmiers.

On le voit, l'œuvre de la France dans le Sahara se distingue surtout par son caractère bienfaisant et humanitaire. La « politique hydraulique » préconisée par le général Desvaux a d'ailleurs rapporté à notre chère patrie honneur et profit tout à la fois. En créant des rivières dans le désert, ce rêve suprême des imaginations arabes, parce que de là découle toute richesse et toute vie, en fixant au sol les populations nomades et turbulentes du sud et en améliorant leur sort naguère encore si misérable elle a contribué, plus que toutes les victoires de nos armes, à la pacification définitive de notre belle colonie algérienne. Et ainsi s'est trouvée pleinement réalisée cette parole prononcée par l'ingénieur Henri Fournel, lors de ses premières explorations hydrologiques dans le Sahara : « C'est par le dessous que nous arriverons à la conquête du dessus ».

BIBLIOGRAPHIE.

BAJOLLE (CAPIT.). *Le Sahara d'Ouargla* (1885).

BARABAN (LÉOP.). *A travers la Tunisie.* 1 vol. in-8.

BARTH (Dr HENRI). *Voyages et découvertes dans le Sahara* (tome I, tr. Ithier).

BERBRUGGER (ADR.). *Les puits artésiens des oasis méridionales de l'Algérie.*

BERNARD (CAPITAINE). *Quatre mois dans le Sahara* (1883).

BORY DE SAINT-VINCENT. *Botanique de l'Algérie,* 30 gr. in-4.

BORY DE SAINT-VINCENT. *Considérations générales sur le Sahara et ses cultures* (Bulletin de la Soc. zool. d'acclimatation).

BROSSALART (CAPITAINE). *La première mission Flatters.* 1 vol. in-12.

CASTRIES (CAPITAINE DE). *Notes sur l'oasis de Figuig.*

COLOMB (GÉNÉRAL DE). *Notice sur les oasis du Sahara* (Revue algérienne, 1860).

COLONIEU (GÉNÉRAL). *Le Sahara algérien.* (Tour du Monde, 1863).

DESOR. *L'Oued-Rhir* (Revue maritime et coloniale, 1865).

DOURNAUX-DUPERRÉ. *Journal de route* (Bulletin de la Société de Géographie, 1874).

DUBOCQ. *Les Zibans et l'Oued-Rhir au point de vue des eaux artésiennes,* 1852.

DUVAL (JULES). *Les puits artésiens du Sahara* (Bulletin de la Société de Géographie, 1874).

DUVEYRIER (HENRI). *(Ouvrage cité.)*

FAIDHERBE (GÉNÉRAL). *L'avenir du Sahara et du Soudan* (Revue maritime et coloniale, 1863).

JUS. *Les Oasis de l'Oued-Rhir* (1879), Imprimerie Nationale.

KRAFT (BARON DE). *Promenades dans la Tripolitaine* (Tour du Monde).

LARGEAU (VICTOR). *(Ouvrages cités.)*

LAURENT (CH.). *Le Sahara oriental* (Mémoires de la Société des des ingénieurs civils, 1856).

LE CHATELLIER (CAPITAINE). *Notes sur le régime des eaux dans le Tidikelt* (Bulletin de la Société de Géographie, 1886).

LECLERC (Dr). *Les Oasis de la province d'Oran* (Gazette médicale de l'Algérie, 1858).

MARTINS (CH.). *(Article cité.)*

MASQUERAY. *Le Mzab* (Journal des Débats, décembre 1882).

MAYET (VALÉRY). *Voyage dans le sud de la Tunisie* (Annales de l'École d'agriculture de Montpellier, 1887).

NACHTIGAL (Dr). *(Ouv. cité.)*

NIOX (COLONEL). *(Ouv. cité.)*

Palat (Lieutenant). *Journal de route*, 1886.

Paquier (Mme du). *Une excursion à Biskra* (Revue des Deux-Mondes, 1879).

Polignac (de). *Mission de Ghadamès* (Rapport officiel).

Richet (Ch.). *Excursion dans l'Oued-Rhir* (Revue des Deux-Mondes, 1882).

Rolland (G.). *La Colonisation française dans le Sahara* (Revue scientifique, juin et juillet 1887).

Seriziat (D^r). *L'Oasis d'Ouargla et l'extrême-sud algérien* (Revue scientifique, mars 1880).

Trabut. *Botanique de l'Algérie* (Revue scientifique, mars 1880).

Trumelet (Colonel). *Les Français dans le désert*, 1882.

Vatonne. *Rapport sur les forages artésiens du Sahara de Constantine* (1856).

Ville et Grad. *L'Exploration du Sahara.*

Vignon. *La France dans l'Afrique du Nord*, 1887.

Viet. *La Tripolitaine* (Bulletin de la Société de Géographie, 1870).

CHAPITRE VIII

LA VIE ANIMALE DANS LE SAHARA.

MAMMIFÈRES. Les félins, le *lerouy*, hyènes et chacals. — Les rongeurs : le *netinn*; les gerboises et les gerbilles, leurs mœurs. L'*erneb*. L'*ahouhil*. Les antilopes du Sahara. — OISEAUX : rapaces, passereaux, gallinacés. L'autruche dans le Grand Désert : sa domestication. — INSECTES : coléoptères. Autres espèces : moustiques, scolopendres et scorpions. — REPTILES : 1° *Sauriens*, le pygmée ; le scinque ou « poisson des sables »; le fouette-queue; l'ourane. 2° *Ophidiens* : pythons et najas, la « vipèreminute ». POISSONS : poissons des lacs; poissons des puits artésiens.

> Lorsque dans le désert la cavale sauvage,
> Après trois jours de marche, attend un jour d'orage
>
> . . . .
>
> Elle cherche son puits dans le désert immense.
> Le soleil l'a séché. Sur le rocher brûlant
> Les lions hérissés dorment en grommelant.
>
> (ALFRED DE MUSSET : *Rolla*.)

Quelque fantaisistes que soient les conceptions engendrées par nos imaginations européennes en ce qui concerne les régions désertiques, il n'en est pas assurément de plus étranges que celles qui se rapportent à la faune de ces milieux désolés. C'est ainsi que les poètes et les peintres, par une de ces licences que l'art seul peut faire excuser, ne manquent jamais de peupler leurs tableaux ou leurs descriptions d'une foule d'animaux dont la constitution physiologique et les conditions d'existence sont absolument incompatibles avec la triste région qu'on leur assigne pour domaine. Si certains de ces Brascassats et de ces Troyons d'outre-mer, obstinément fidèles aux traditions de la vieille école, se restreignent aux dromadaires, ce accessoire obligé, avec le palmier, de toute peinture du Sahara, d'autres au contraire, n'écoutant que leur inspiration nous exhibent tout un monde invraisemblable de carnivores. Tantôt nous apercevons la hyène à l'œil torve s'acharnant sur quelque quartier de charogne putréfiée, tantôt nous entrevoyons bondissant à travers l'espace le léopard à la robe mouchetée, tantôt nous entendons les miaulements rauques de la panthère altérée de sang, qui rampe sournoisement, traînant son ventre dans le sable, les reins soulevés et les crocs au vent, prête à s'élancer sur quelque malheureuse cavale à l'attache.

Disons-le dès à présent, la réalité est tout autre. Le lion en particulier, le « lion du désert » est un mythe. Quand on parle aux Bédouins, dit Carrette, de ces bêtes féroces que les Européens leur donnent pour compagnons, ils répondent avec leur imperturbable sang-froid : « Il y a donc chez vous des lions qui boivent de l'air et broutent des feuilles? Chez nous il faut aux lions de l'eau courante et de la chair vive. » De fait les lions ne paraissent dans le Sahara que là où il y a des collines boisées et des rivières.

Cette observation relative au roi des animaux, au « seigneur à la grosse tête », comme l'appellent les Arabes, peut s'appliquer à tous les autres carnassiers. Ce n'est pas dans les grandes plaines arides du Guebla, sans abri et sans ressources, qu'il faut aller les chercher, mais dans la région montagneuse voisine du désert; car là seulement ils sont assurés de trouver une proie abondante et facile parmi les troupeaux de moutons ou de chèvres au pacage, des sources fraîches pour se désaltérer, et des retraites impénétrables pour se dérober aux poursuites du chasseur. C'est là, dans l'Atlas algérien, dans les monts de l'Aurès et de l'Ouarsenis que Jules Gérard venait attendre le lion, et Bombonnel la panthère. Encore le nombre de ces grands fauves tend-il à diminuer tous les jours.

Ils sont extrêmement rares dans la région du Hoggar; on n'y rencontre guère que deux espèces de félins, le *guépard* (felis jubata), surnommé par les Arabes « el fehed » le nonchalant, et vraiment joli avec son pelage d'un fauve clair semé de taches noires orbiculaires, et le *chat sauvage* (felis catus), en arabe : « *gatth*, le crépu ».

Parfois aussi on y aperçoit le *lerouy* ou mouflon à manchettes (ovis tragelaphus de Pline), appelé quelquefois encore « *tis el djebel*, bouc de montagne ». C'est un robuste animal, aux cornes énormes, au corps jaunâtre lavé de brun avec une crinière formée de poils touffus et tombants, qui entourent comme des manchettes la partie supérieure des jambes de devant. De là son nom. La souplesse de ces animaux n'est pas moins surprenante que leur force musculaire. Ils courent et bondissent sur les rochers avec une agilité, une sûreté de pied extraordinaires. Ce sont les chamois du Sahara. Le commandant Loche raconte, après le général Daumas, que lorsque le lerouy se voit sur le point d'être pris par les chasseurs, il se jette hardiment dans un précipice et tombe sur la tête sans se faire de mal[2].

Quant à la hyène ou *debaa*, ce sinistre fossoyeur du désert, elle est très répandue dans le Sahara septentrional. On connaît, pour l'avoir vu figurer dans la plupart des ménageries, cet animal à l'aspect repoussant avec sa tête énorme trouée de petits yeux au regard oblique et farouche, son arrière-train surbaissé, sa robe d'un gris sale zébrée ou tachetée de noir, son poil sec et grossier. Tout se

---

1. Commandant Loche. *Exploration scientifique de l'Algérie.*
2 Général Daumas. *Les chevaux du Sahara et les mœurs du désert.*

réunit d'ailleurs pour nous le rendre antipathique : sa voracité, son allure hypocrite, sa lâcheté proverbiale. Les hyènes fuient en effet la lumière du jour et la présence de l'homme; c'est seulement à la dernière extrémité qu'elles s'attaquent aux animaux vivants, le plus souvent à quelque bête inoffensive et timide, telle que la chèvre ou le mouton. Elles préfèrent la chair morte ou même putréfiée. Parfois on les voit suivre de loin les caravanes dans l'espoir de quelque cadavre abandonné pendant la marche, mais le plus ordinairement elles ne sortent de leur tanière qu'après le coucher du soleil. Pressées par la faim, elles n'hésitent pas à pénétrer dans les cimetières des villages arabes, presque toujours dépourvus de murailles, pour y déterrer les morts. Très souvent aussi, par les nuits noires, on les entend rôder en bandes nombreuses autour des bivouacs, flairant bruyamment avec une sorte de ricanement diabolique ou dévorant à belles dents quelque débris de viande corrompue, rejeté par les cuisiniers et que viennent leur disputer des légions de chacals.

Le *chacal*, le loup doré (lupus aureus), appelé « dihb » par les Arabes, est peut-être le plus connu de tous les animaux du Sahara, grâce à la popularité de plus ou moins bon aloi que lui ont fait nos soldats d'Afrique. C'est un mammifère carnivore tenant à la fois du loup par sa voracité et par la coloration gris fauve de sa robe, du chien par son flair et par sa voix, du renard par sa taille, sa queue touffue et son museau pointu. Du renard il possède aussi les mœurs astucieuses et l'instinct de rapine, se glissant la nuit au milieu des campements et jusque dans les tentes pour dérober quelque victuaille, notamment des œufs et des dattes dont il est très friand.

Non moins glouton est le *fenec* (fenecus Brucei), autre

espèce de renard reconnaissable à son pelage isabelle et à ses longues oreilles blanches. Il creuse ses terriers dans les sables, faisant sa nourriture d'une foule de petits animaux qui fourmillent sous les touffes de plantes.

Parmi ces derniers, le plus commun est le *far* ou rat dont les deux espèces principales sont ici le *rat zébré* (medinet el firan) que l'on trouve dans la région des

Le fenec.

daias[1], et le *rat de Barbarie* (mus Barbariæ), ou « bou'alal », dont les tribus innombrables grouillent littéralement dans toutes les parties boisées de l'Erg. C'est là vraiment qu'il conviendrait de placer cette Ratapolis dont parle notre grand fabuliste.

Dans les mêmes parages vit le *netinn* (zorilla variegata), vulgairement appelé « le puant », à cause de l'odeur fétide que dégagent ses poches sub-abdominales. Il rachète ce défaut par la gracieuseté de ses formes. C'est l'écureuil des sables. Il se distingue en effet, comme cette gentille bestiole de nos forêts européennes, par son pelage d'un

1. Général Margueritte. *Chasses en Algérie.*

roux vif sur le dessus du corps, d'un blanc crème par dessous, par sa tête mutine, sa fine denture et sa queue en panache.

Dans les vallées du Mzab et dans certaines parties de la région des dunes, on rencontre encore, vivant en nombreuses colonies, le *ganfoud*, ou hérisson du désert (Erinaceus deserti). Il est plus petit que son congénère d'Europe, ses formes sont plus grêles et les piquants dont sa peau est hérissée ont une couleur blonde caractéristique.

A côté de ces hôtes des areg, les zoologistes qui ont exploré le Grand Désert ont coutume de placer la *gerbille* (Psammonys Saharæ) ou « far el khla », petit mammifère dont l'organisation se rapproche beaucoup de celle du rat. Il en a le museau, la queue garnie de poils rares et durs, mais il en diffère par les pattes qui sont très courtes et par des pieds dont le métatarse est assez développé. C'est à cette particularité anatomique qu'il doit son système de locomotion. Au lieu de trottiner comme le rat, il sautille.

Cependant le plus curieux de tous ces rongeurs est sans contredit la *gerboise* (dipus gerboa), le « djerboua » des Arabes, qu'il ne faut pas confondre avec la gerbille malgré la similitude des noms. La gerboise est de la grosseur d'un rat, et par sa conformation rappelle le kanguroo. De là son surnom de « *rat kanguroo* ». Elle est aisément reconnaissable à sa tête large au sommet, avec des pommettes saillantes, des yeux noirs énormes et des oreilles pointues. Sa robe, formée d'une fourrure soyeuse, est blonde sur le dos et d'un blanc vif sur le ventre. Mais ce qui caractérise tout spécialement ce petit animal, c'est sa longue queue cylindrique, épanouie en une sorte de houppe, de large pinceau de poils fourrés, et surtout la structure bizarre de ses pattes, les antérieures très courtes, les postérieures démesurément allongées et terminées par des doigts munis d'ongles solides, propres à fouir.

Cette disposition permet à la gerboise d'habiter les terrains arides et rocailleux. Elle y vit dans des buttes à galeries. Tout le jour elle reste là à moitié assoupie sur un matelas de feuilles déchiquetées, tantôt roulée en boule, tantôt couchée tout de son long, les jambes au hasard, comme une personne à l'aise dans un grand lit.

La gentille paresseuse ne se lève guère que pour grignotter les grains et les racines dont se compose sa nourriture habituelle. Alors elle s'installe commodément, se tenant assise en équilibre sur sa queue avec ses longues pattes étendues horizontalement sur le sol, et se servant de ses pieds de devant pour porter les aliments à sa bouche.

La nuit tombée, la gerboise sort de son nid pour aller aux provisions, trottinant d'une allure vive sur ses quatre pattes et balançant gracieusement sa queue empanachée. Mais à la moindre alerte elle s'enfuit en faisant une série de sauts prodigieux, souvent longs de 3 mètres, se servant seulement de ses pattes de derrière et de sa queue sur laquelle elle s'appuie comme sur un levier. Quant à ses pattes de devant, elle les tient si bien appliquées contre sa poitrine qu'on les distingue à peine. De là ce nom de *dipus* « bipède » qui leur a été donné et s'est étendu, sous celui de « Dipodidés » à la famille tout entière. Dans ces occasions, ses mouvements sont si rapides que les meilleurs lévriers, ceux qui forcent le lièvre et la gazelle ne peuvent lutter de vitesse avec elle; sa course est d'ailleurs tellement irrégulière qu'ils sont déroutés à chaque instant. Le chien s'élance sur elle; quand il touche le sol, elle a déjà fait deux ou trois bonds de côté et se trouve à 10 mètres à droite ou à gauche. On ne peut arriver à s'en emparer qu'en détruisant ses terriers de fond en comble. Ainsi procèdent les Bédouins pour qui la chair de ce gibier, très délicat dit-on, est un véritable régal. L'époque la plus favorable pour cette chasse est celle de la production, car alors la gerboise reste blottie au fond de son nid et se laisse prendre facilement.

Nous venons de parler du lièvre ; le Sahara en renferme un grand nombre ; ils sont répandus principalement dans les cantons sablonneux, abondants en graminées. Le lièvre du Grand-Désert ou *erneb* (lupus isabellinus) ne diffère guère du lièvre d'Europe que par sa taille qui est plus petite et par sa robe qui est d'un roux clair sans mélange de gris.

Nous arrivons enfin aux grands quadrupèdes ; le plus remarquable est l'*onagre* (ahouhil), Dans le Sahara, l'aire de dispersion des onagres est assez restreinte ; on les rencontre presque exclusivement dans la région du Tassili des Adger et de l'Hamada el Homra où, il y a près de dix-huit cents ans, Pline avait déjà signalé leur présence.

Il n'en est pas de même pour les antilopes. On les trouve à peu près partout, en troupeaux considérables, sur les plateaux aussi bien que dans la région des dunes.

Les antilopes du Sahara appartiennent à plusieurs familles : citons d'abord la *grande antilope* ou *meha* (l'antilope addax des naturalistes), caractérisée par sa robe jauve sur le cou et la croupe, blanche sur la face interne des membres, et par ses cornes aux anneaux noirs et saillants. Son séjour préféré est la chaîne sablonneuse qui borde le lit inférieur de l'Igharghar près du gassi de Mo-

---

1. Duveyrier. *Ouvrage cité.* — Mission Flatters.

khanza. La première mission Flatters en a rencontré quelques hardes en ces parages.

Plus au sud vit l'*antilope oryx*, la bubale des déserts syriens, qui n'est autre probablement que le bœuf à bosses utilisé comme bête de somme par les Soudaniens, et dont on retrouve les images sculptées sur quelques ruines garamantiques. On la reconnaît à ses longues cornes recourbées et surtout à son garrot relevé en bosse qui lui donne une tournure assez disgracieuse. Elle rachète ce défaut par l'excellence de sa chair qui, après avoir été salée et séchée au soleil, est vendue par les indigènes sur la plupart des marchés du Sahara.

Bien autrement jolie est l'*antilope mohor*. Ses larges yeux de velours sombre, ses cornes contournées en spirale, sa robe soyeuse uniformément blanche, d'une blancheur de neige, sa fine membrure, la fierté de sa démarche lui assurent parmi ses rivales la palme de la beauté et font d'elle la reine de la famille. Elle en est la Vénus comme l'antilope oryx en est le Vulcain. Le soir, quand son élégante silhouette se dessine au-dessus des oughroud, entourée comme d'une auréole par les vapeurs rosées du soleil couchant, on croirait voir le génie mystérieux du désert dont en leurs poétiques improvisations les conteurs arabes évoquent la radieuse apparition.

La superbe mohor ne doit pas cependant nous faire oublier sa sœur charmante, l'*antilope dorcas* ou gazelle, appelée par les Sahariens « *rhazala*, la tendre, la délicate », à cause des qualités de sa chair, et aussi « *bou Rakaba*, le père au cou » à cause de la teinte rousse de cette partie du corps, qui tranche nettement sur le fond blanc jaunâtre du reste du pelage. C'est la plus commune et en même temps la plus petite des antilopes. Elle a la taille du chevreuil. Elle en a aussi l'allure gracieuse et légère, les formes frêles et mignonnes, le grand œil noir au regard doux et caressant, plein de molles rêveries. Nullement farouche, elle monte souvent un sommet des dunes, regardant curieusement défiler les caravanes. Mais le plus souvent elle vit en nombreuse compagnie, en *djallibas* de 10, 20, ou même parfois de 100 à 200 têtes[1].

De toutes les classes du règne animal, celle des oiseaux est la moins bien représentée au Sahara. C'est parmi les rapaces : le faucon ou *bou-djerad*, la pie grièche au bec crochu, féroce ennemie des petits animaux qu'elle se plaît à empaler sur les branches pointues de certains arbustes épineux, le corbeau ou *ghareb*, l'oiseau maudit du Prophète, dont l'apparition inspire une terreur superstitieuse aux plus vaillants fils du désert qui arrêtent net leurs préparatifs de départ, si le matin au sortir de leur tente ils entendent ses croassements lugubres[2].

Puis quelques passereaux ou gallinacés : la *ganga* ou perdrix rouge (perdrix gamba) au plumage gris jaunâtre au superbe collier de velours marron, le *bou-alibi* dont le chant harmonieux rivalise avec celui de la baîline mongole et du bengali, ce barde ailé des jungles indiennes, l'alouette enfin, notre gentille alouette du pays de Gaule, dont le tireli sonore jaillit comme une fusée mélodieuse du sein des grands blés verts.

Si la faune ornithologique du Grand-Désert est peu variée, en revanche elle comprend le plus gros des oiseaux, l'autruche. Comme leurs congénères des déserts arabiques, les autruches sahariennes sont des animaux de parcours. Elles voyagent sans cesse, habituellement par couples, quelquefois aussi par troupes de 200 à 300 têtes. Il

---

1. Dr Nachtigal. *Sahara et Soudan.*
2. Largeau. *Saharien algérien.* — Fromentin. *Un été dans le Sahara.*

Gazelles du Sahara.

y a une trentaine d'années, elles abondaient sur les plateaux qui s'étendent au sud de Laghouat, mais elles ont presque totalement disparu à la suite des chasses acharnées que leur ont faites le général Margueritte et nos officiers : on n'en trouve plus guère que dans la région du Hoggar.

C'est là un fait des plus regrettables, car la race, dite « de Barbarie », à laquelle elles appartiennent est la plus réputée pour la beauté et la valeur du plumage, celle dont les mâles portent aux ailes ces grandes plumes blanches et frisées sans rivales dans le genre.

Prise petite, l'autruche s'apprivoise facilement. Très gaie, elle joue avec les enfants de l'Arabe, vit sous la tente, folâtre avec les chiens et les chevaux et suit la famille dans toutes ses pérégrinations. La domestication de l'autruche se pratique en grand dans le sud algérien et tunisien. Nos colons y ont créé pour l'élevage de ces échassiers, sur l'initiative de M. Louis Say, des parcs spéciaux qui commencent à rivaliser avec les fameuses autrucheries établies au Cap par les Anglais [1].

Tous les volatiles, petits et grands, que nous venons de citer se nourrissent principalement d'insectes. Ceux-ci leur fournissent une pâture assurée : ils pullulent en effet dans tout le Sahara. Les coléoptères et parmi eux les *cicindèles*, les *coccinelles*, les *charançons*, et les superbes *scarabées sacrés* ou bousiers-coprophages sont très communs dans les districts sablonneux [2].

Ces bestioles sont inoffensives, mais il en est de malfaisantes dont la société forcée cause aux voyageurs une inimaginable torture. En jour, à peine s'est-il enfermé

1. Rolland. *La Colonisation française au Sahara*, 18 juin, 1887. — L. Say. *Les autruches en Algérie.*
2. Largeau. (*Op. cit.*). — Trumelet. (*Op. cit.*)

dans sa tente pour y trouver un peu d'ombre et de fraîcheur que des nuées de mouches viennent l'assaillir.
L'horrible supplice! Demeure-t-il, une seconde, immobile, elles s'abattent aussitôt sur lui, s'acharnant sur ses
mains et son visage pour en sucer la sueur. Elles pénè-
trent dans le nez, les oreilles, la bouche. « On en mange,
dit M. Largeau, on en boit, on en respire. » Elles se pro-
mènent sur vos habits, elles nagent dans votre verre, se
mêlent à votre nourriture. Pour se débarrasser de ces
énervantes compagnes il faut sans cesse jouer de l'éventail,
secouer ses vêtements, se frapper le dos, la poitrine et
les jambes. La nuit, c'est bien pis encore! Des essaims
de moustiques, d'insectes de toutes sortes, sortis on ne
sait d'où, s'introduisent on ne sait comment dans toutes
les tentes où ils aperçoivent de la lumière, se glissant
jusque sous la chemise du dormeur qui, fou de colère,
est souvent obligé de leur céder la place. Ils sont suivis par des myriades de fourmis, de mites, de scorpions,
de scolopendres [1].

Ces deux dernières espèces d'animaux ne sont pas
seulement désagréables, elle sont aussi très dangereuses.
Le scolopendre du Sahara (Sott el Kheil) ressemble à celui
d'Europe. Il a comme ce dernier le corps mou et allongé,
composé de vingt et quelques segments très flexibles,
mais ses dimensions sont plus grandes, et le venin que
sa queue distille, est beaucoup plus subtil. Sa puissance est telle que parfois elle suffit pour renverser
l'homme, comme pourrait le faire une décharge élec-
trique [2].

Non moins redoutables sont les *scorpions*, dont on dis-

1. Bernard. *Quatre Mois dans le Sahara.* — Brosselard. *La première mission Flatters.*

2. Duveyrier. (*Ouvrage cité.*

tingue ici deux espèces : le scorpion jaune et le scorpion noir qui abondent toutes les deux dans la Tunisie méridionale[1], l'Oued-Rihr et l'Oued-Mya. Leur corps aplati se termine en avant par deux palpes semblables à des pinces à crochets qui leur servent pour reconnaître les obstacles, en arrière par une queue extrêmement mobile, composée de six articulations anguleuses et hérissées de poils et dont la dernière est munie d'un dard très aigu et très dur. Ordinairement l'animal tient sa queue repliée sous lui, mais vient-il à être irrité, aussitôt celle-ci se redresse, roidie en arc sur le dos, et une imperceptible gouttelette de venin perle au bout de l'aiguillon. La piqûre du scorpion est caractérisée par un point noir entouré d'une auréole d'un rouge foncé. La douleur est atroce. M. Largeau a vu des indigènes piqués par un scorpion se rouler à terre, tordus par la souffrance. Pendant la canicule, et surtout si la piqûre a été faite à la tête, beaucoup d'hommes succombent à ces accidents.

De tous les déserts, le Sahara est peut-être celui dont la faune erpétologique est la plus remarquable, sinon par la variété des espèces, du moins par le nombre des individus. Les reptiles y fourmillent littéralement.

Citons d'abord parmi les sauriens le *pygmée*, petit lézard jaune, reconnaissable à la grosseur de sa tête et à sa longue queue très lisse.

Bien plus intéressant est le *scinque* (scincus officinalis) dont on trouve dans les mêmes parages, notamment aux environs de Gafsa, plusieurs variétés telles que le *sc. œneas*, le *sc. maurus*, le *sc. occitanus*. Sa longueur est de 20 centimètres environ ; il a une tête effilée comme

---

1. Valéry Mayet. *Voyage en Tunisie.*

celle du brochet, la queue ronde et pointue, le dos jaunâtre rayé de bandes noires. Les Arabes l'ont surnommé
« *khoul er remel*, poisson des sables », en raison de la
rapidité avec laquelle il s'enfonce dans le sol. Il doit cette
faculté à une sorte d'humeur visqueuse qui, secrétée par
les pores de la peau, lubréfie ses écailles déjà très lisses.
Peut-être faut-il voir là un acte de prévoyance de la
nature, un moyen qu'elle a donné à ce petit animal de
se dérober aux poursuites de l'homme. Les nomades en
effet lui font une chasse active à cause de sa chair qu'ils
mangent grillée, et dont le goût rappelle, dit-on, celui de
l'anguille.

Dans la région des dunes on trouve encore : l'*iguane*
(agama inermis), si beau avec sa gorge rayée de bleu,
si curieux avec ses incessants changements de coloration; le *fouette-queue* (uromastix acanthinurus), ainsi
appelé de son habitude de projeter continuellement
à droite et à gauche sa longue queue aux pointes
acérées; enfin, le *dheb* (vacerta stellio), remarquable
par l'ampleur de son ventre et de sa queue couverte
d'écailles. Comme le scinque il entre dans l'alimentation
des nomades.

Mais le plus remarquable de tous les sauriens du Grand-
Désert et, on peut le dire, le roi de l'espèce, c'est l'*ourane* ou *varan des sables* (varanus arenarius). Il ne mesure
pas moins d'un mètre de long. Par ses caractères physiologiques il tient le milieu entre les lézards et les crocodiles. Son aspect est vraiment hideux. La tête a la forme
d'une pyramide triangulaire. Les mâchoires, très larges,
sont armées de dents aiguës et légèrement recourbées en
arrière. Ses membres puissants se terminent par des
pattes garnies d'ongles très longs et crochus. Il a le
corps tout hérissé d'écailles généralement ovales et

coniques, cernées chacune d'un collier de petits tubercules, et formant une série de dessins jaunâtres virant au brun clair sur le cou, qu'elles entourent comme d'un ruban [1].

Ce monstrueux animal vit exclusivement dans les endroits arides, sur les Hamàdas, une goutte d'eau le ferait mourir prétendent les Arabes. Très redouté de ces derniers à cause de sa morsure venimeuse qui lui a valu son nom (*arana* = mordre), il est néanmoins l'objet de leurs poursuites, car sa chair, quoique moins appréciée que celle du dheb et surtout du scinque est un de leurs aliments favoris dans leurs courses à travers le désert.

La classe des ophidiens n'est guère représentée au Sahara que par cinq espèces d'animaux : le *serpent python*, le *çabann*, la *lefaà*, le *zorreil*, et le *naja*.

Le plus remarquable est le python. M. Largeau en a trouvé dans l'oued Mya ainsi qu'aux environs de Ghadamès. Le çabann est un gros serpent noir de 2 mètres de long en moyenne, mais il est assez rare. Le naja (var. *haje*) appelé par les Arabes « bou ftira » ressemble beaucoup à son célèbre congénère nilien : sa taille dépasse parfois 1 m. 60 ; il a le dos brun et le ventre blanc.

La lefaà n'est autre que le céraste, ou vipère cornue, que nous avons déjà signalée comme appartenant à la faune des déserts syriens. Elle est très commune dans les Areg et dans les vallées sèches du Sahara septentrional. Elle abonde notamment dans l'oued Namous, où elle se cache sous les pierres et les touffes de végétaux. A cet endroit, le général de Colomb dit en avoir tué vingt-sept en quelques jours. Aussi, ajoute-t-il, au lieu

1. Lieutenant Palat. *Journal de route.* — Guichenot *Exploration scientifique de l'Algérie.*

d'appeler cet oued la « rivière aux moustiques » devrait-
on le nommer la « rivière aux vipères [1]. »

La morsure de la lefaâ saharienne est beaucoup plus
dangereuse que celle du céraste de Syrie. Le remède
généralement employé dans ces circonstances par les
indigènes consiste en une infusion de coloquinte additionnée d'ail. Le général Colonieu en signale une autre
qu'il a vu appliquer à l'un de ses chameliers mordu
par une lefaâ : On commença par lier fortement le
doigt, on le cautérisa jusqu'à l'os, puis on recouvrit la
plaie d'un peu de charpie imbibée de graisse d'autruche.
Enfin on fit boire au patient un demi-litre de beurre
fondu. Cette singulière médication fut couronnée d'un
plein succès.

Le zorréil (echis arinata) a été appelé « vipère-minute »
à cause de sa rapidité et de sa puissance de projection.
Elle est telle que ces reptiles peuvent blesser grièvement
les animaux rien qu'en s'élançant sur eux. Le capitaine
Bernard, qui mentionne cette particularité, raconte que,
le 21 mars 1880, la première mission Flatters dont il
faisait partie, tua deux de ces reptiles un peu avant d'arriver à la vallée des Ighargharen. Ils avaient 25 centimètres de long avec un diamètre d'à peine 1 centimètre.
Leur peau était d'un fauve clair tigré de noir vif. Ces serpents qui, par l'exiguïté de leurs corps, rappellent le
terrible serpent-fil de l'Hindoustan, passent pour très
venimeux et cependant chose étrange, leur mâchoire est
dépourvue de crochets.

Le Sahara renferme jusqu'à des poissons. Dans les lacs
de la région du Tassili on en pêche souvent d'énormes : tel
est dans l'oued Tikhammoulk et dans le lac Menkough,

---

1. Général de Colomb. *Notice sur les oasis du Sahara.*

l'*asoulmeh* (clarias lazarea). Gros ordinairement comme la cuisse d'un homme, il atteint en moyenne 55 centimètres de long. Ce qui frappe surtout dans sa physionomie, ce sont les longues barbes qu'il porte de chaque côté de la mâchoire [1].

On a également signalé la présence de poissons dans les eaux des puits artésiens. Ce fait étrange est constaté par tous les journaux de sondage: Au moment où jaillissaient les eaux du puits d'Ain-Tala profond de 44 mètres, le capitaine Zickel remarqua de petits poissons qui se débattaient dans le sable rejeté par l'orifice du puits. MM. Desor et Martins, et tout récemment M. Rolland, en ont trouvé dans plusieurs rigoles d'écoulement.

Ces poissons appartiennent à la famille des Malacoptérygiens. Le plus commun est le *cyprinodonte* (cyprinodon cyanogaster). Semblable à nos ablettes, il n'a pas plus de 4 centimètres de long ; les yeux sont bien conformés, les nageoires ventrales très courtes, les mâchoires garnies de fines dents tricuspides. M. Rolland a trouvé d'autres poissons sur divers points de l'oued Rhir. Il en compte cinq espèces : le Chromis Desfontaniei, le Chromis Lelia, l'Hemichromis Saharæ, l'Hemichromis Rollandi et le Cyprinodon calaritanus.

Quant à l'existence de ces poissons dans les eaux souterraines elle n'est pas encore expliquée : il est cependant probable qu'ils ont été entraînés dans le sol par les eaux jusqu'à la nappe souterraine dont le puits est l'évent. C'est l'avis de deux savants ichtyologistes, MM. Letourneux et Playfair. « Leur vie souterraine, déclarent-ils, n'est qu'un épisode et pour ainsi dire un accident du voyage qu'ils entreprennent d'un barh à l'autre lorsqu'ils circu-

1. Duveyrier.

lent au voisinage des puits, ils obéissent à la force ascensionnelle de l'eau ou à l'instinct qui les porte à remonter vers la surface et se trouvent ainsi brusquement ramenés au jour. »

BIBLIOGRAPHIE.

BERNARD (CAPITAINE). *Quatre mois dans le Sahara.*
BODICHON. *Le Chacal* (Annales des Sciences naturelles. 1836).
CARRETTE. *Exploration scientifique de l'Algérie.*
DE COLOMB. (*Ouvrage cité*).
DUVEYRIER. *Les Touaregs du Nord.*
FROMENTIN. *Un été dans le Sahara.*
GUICHENOT. *Exploration zoologique de l'Algérie.*
LARGEAU. (*Ouvrages cités.*)
LETOURNEUR ET PLAYFAIR. *Icthyologie algérienne.*
LOCHE (COMMANDANT). *Exploration scientifique de l'Algérie*, 4 vol. gr. in-4.
MARGUERITTE (GÉNÉRAL). *Chasses en Algérie.*
MAYET (VALÉRY). *Ouvrage cité.*
PALAT (LIEUTENANT). *Journal de route.*
ROLLAND. *Note présentée à l'Académie des sciences*, septembre 1881.
SAY (LOUIS). *Les Autruches en Algérie.*
TISSEIRE (Dr). *Ouvrage cité.*
TRUMELET (LIEUTENANT-COLONEL). *Les Français dans le désert.*

TROISIÈME PARTIE

LE DÉSERT EN AMÉRIQUE

CHAPITRE IX

LE DÉSERT D'ATACAMA

§ 1. Situation. Aspect général. Étendue. Origines du désert : théorie Bresson, théorie Pissis. Les pierres à musique. La montagne enchantée. — Constitution géologique : les *arénales*. — § 2. Climat : phénomènes psychrométriques. Le vent du sud. — § 3. La flore atacaménienne : sa pauvreté. Les oasis : Calama, la reine du désert. Les jardins de Chiuchiu. Le val Copiapo. Le cactus. Le coca ; ses propriétés. — § 4. Richesses naturelles : les *guaneras*, les *salitreras*. Les mines : le *catéador*. Les dessous du désert : un nouvel Eldorado. Découverte des placers de Caracolès ; leur produit annuel. La capitale du Sahara américain. — § 5. La traversée du désert. Routes anciennes : le « camino de l'Inca ». Les *apachecas*. Principales routes actuelles. Organisation des caravanes ; le matériel, l'eau, les vivres ; le personnel : le *vaqueano*, l'*arriero*, le *capàtàz*. Ordre de marche. Le chemin de fer transatacaméinien. Avenir de l'Atacama.

> . . . . Et l'esprit abîmé dans ces rares spectacles,
> Par la voix des déserts écoute les oracles.
>
> (LAMARTINE : *La Solitude.*)

§ 1.

Si l'on jette les yeux sur une carte de l'Amérique du Sud on remarque, vers l'ouest, dans cette bande étroite qui court entre la Cordillère des Andes et l'océan Paci-

fique, un vide énorme, un rectangle allongé, fermé au
nord par le rio Loa, au sud par le rio Copiapo, et à peu
près vierge de tout signe géographique; c'est le désert
d'Atacama.

Là point de ces fraîches savanes platéennes, paradis du
trappeur, où vaguent en liberté des troupes de bisons et
de chevaux sauvages. Point de ces magnifiques forêts
vierges de l'Orénoque et de l'Amazone, où les vanilles à
l'odeur grisante s'enlacent au tronc des ébéniers, où le
colibri se balance, fleur ailée, sur le fil souple des lianes
et raye d'un éclair bleu la nuit mystérieuse de ces temples aux colonnes de palissandre et d'acajou. Point d'arbres, pas un gramen, pas une flaque d'eau, mais une terre
aride et nue, tantôt couverte de sable et de pierrailles,
tantôt soulevée en cônes rocheux, en *cerros* aux flancs
abrupts, déchirée par une multitude de ravines, de *quebradas*, revêtue d'une sinistre teinte d'ocre, comme si
quelque mauvais génie y avait répandu des flots de cor-
rosif.

Cette affreuse solitude, qui maintenant dépend entièrement du territoire chilien, s'étend sur une longueur de
150 lieues entre le rio Loa et le rio Copiapo. Sa superficie est évaluée à 133 millions d'hectares.

Considéré au seul point de vue topographique, le désert d'Atacama n'est pas, dans son ensemble, une plaine,
mais un plateau qui, formant le flanc occidental de la
Cordillère des Andes, s'incline vers l'océan Pacifique où
il se termine par une muraille haute de 450 à 500 mètres, et dans laquelle s'ouvrent çà et là des gorges profondément encaissées. Quelques petits ports sont instal-
lés au débouché de ces vallées : Cobija, Mejillones, Antofagasta et Taltalt.

L'inclinaison du plateau est très rapide, contrairement

à ce qui a lieu de l'autre côté de la Cordillère, où la pente dévale doucement vers les campagnes uruguayennes. De là le contraste frappant que présentent les deux versants : l'un fertile, parce qu'il est arrosé par des fleuves puissants, l'autre à peine zébré de quelques filets d'eau et par suite condamné à une éternelle aridité.

D'autre part la surface du désert, loin d'être uniforme, est au contraire très accidentée. Elle présente trois terrasses étagées les unes au-dessus des autres et séparées par des collines rocheuses[1]. La première de ces collines est la Cuesta, immédiatement voisine de la côte : à l'est se dresse la Cordillère de la Costa, chaine porphyrique d'environ 1100 mètres d'altitude, puis la Cordillère centrale, enfin à l'extrême limite orientale du désert, la superbe Cordillère royale, ou Grande Cordillère des Andes, avec ses volcans empanachés de fumée et ses pics neigeux perdus dans l'éther.

Le sol de chacun de ces gradins se compose, en grande partie, de sables qui tantôt se relèvent en dunes, tantôt s'étalent en nappes onduleuses sur de vastes espaces. Toutefois le plateau, élevé de 275 mètres, adossé à la Grande Cordillère est couvert de petites pierres angulaires à pâte porphyrique et de grosseur variable. Comment ces pierres peuvent-elles se trouver à une telle altitude? D'où parviennent-elles? Sont-ce des éboulis de la montagne, apportés par les torrents? Faut-il y voir le produit de la désagrégation des roches supérieures ou des scories rejetées par quelque éruption souterraine? Nul ne saurait le dire. C'est là un de ces faits curieux que la science se borne à constater, sans parvenir à les expliquer.

1. Bresson. *Le Désert d'Atacama* (Tour du Monde, 1875)

La dernière hypothèse que nous venons d'énoncer n'a cependant rien d'invraisemblable, car parmi ces fragments se trouvent un grand nombre de phonolithes, de « pierres chantantes » pareilles à celle que l'on ramasse sur certains puys d'Auvergne et dont l'origine volcanique n'est plus douteuse [1]. L'analyse démontre qu'elles sont formées de feldspath uni à un silicate alumineux hydraté.

C'est une bien singulière propriété que celle qui leur a valu leur dénomination, Dans nos climats tempérés de l'Europe, le lever du soleil est salué par la nature entière : c'est l'heure où sous la feuillée les oiseaux font éclater leurs plus joyeuses fanfares, où le parfum des fleurs balancées comme autant d'encensoirs par la brise matinale, s'exhale plus pénétrant et plus suave. Dans les arides solitudes atacaméniennes, d'autres hymnes accueillent le réveil du roi du jour : quand son disque étincelant commence à se montrer au-dessus de l'horizon, un concert étrange s'élève de tous les points du désert ; ce sont les pierres qui chantent. L'explication de cette particularité est identique à celle qui a été donnée pour la célèbre statue de Memnon en Égypte : on suppose que l'humidité produite pendant la nuit dans la masse poreuse des phonolithes s'évapore sous l'action des premiers rayons du soleil, et qu'il en résulte dans ces pierres de brusques contractions moléculaires, susceptibles d'engendrer des vibrations sonores.

Tout autres sont les causes du phénomène acoustique que l'on remarque dans un ancien volcan de la Cordillère surnommé par les indigènes « *serro incantando*, la montagne enchantée ». Là ce n'est plus la voix des pierres,

____

1. L. Ollivier. (*Exploration*, 1876.)

mais celle des sables que l'on entend » : A cet endroit, dit M. d'Ursel, une accumulation de sable prise entre deux contreforts s'étend en nappe oblique sur un espace de plus de 200 mètres ; mais au lieu de suivre les lois de la pesanteur et de descendre peu à peu vers les parties basses de la vallée, ce sable tend au contraire à remonter, et on le voit glisser sur cette surface unie, dans un léger nuage soulevé par la brise ; en même temps il s'échappe de la montagne un grondement sourd et prolongé quelque chose comme un hurlement sinistre d'un effet très saisissant ».

L'indigène ne s'approche jamais sans un effroi superstitieux du *serro incantado* ; car il est persuadé, d'après une légende locale, que ces hurlements sont ceux d'un monstre chargé, comme le dragon du jardin des Hespérides, de veiller sur d'immenses trésors enfouis dans les cavernes de la montagne.

En réalité ce bruit est produit, comme dans les parties sablonneuses du Lout persan ou dans la région de l'Erg saharien, par le froissement des grains de sable, toujours très fins et très secs, roulant sur les flancs du volcan.

Dans certaines régions de l'Atacama, appelées *arénales*, le sol est composé non plus de sable uniquement, mais d'un mélange de sable et de milliards de coquilles marines. En d'autres endroits on découvre de vastes dépôts de sel marin, souvent épais de plus d'un mètre.

Un des premiers explorateurs de l'Atacama, M. Bresson, a vu dans cette abondance du sable, du sel et des coquillages, la preuve manifeste qu'à une époque lointaine ce désert faisait partie du fond des mers qui venaient baigner le pied des Andes. Mais cette théorie a été vivement combattue par M. l'ingénieur Pissis. Dans un savant rapport communiqué à l'Académie des sciences, il affirme n'avoir trouvé dans l'intérieur du désert aucun débris des coquillages qui gisent en bancs si considérables près de la côte, mais beaucoup de lacs desséchés dont les rivages sont parfaitement dessinés, et dont le fond s'étend à un niveau bien supérieur à celui du terrain quaternaire de Méjillones. « De grandes rivières, ajoute-t-il, si l'on en juge par la longueur du lit et le volume des roches qu'elles ont transportées, venaient se déverser dans ces lacs. En remontant le lit de ces anciens cours d'eau jusqu'aux montagnes où ils prenaient leur source, il n'est pas rare de rencontrer des traces d'anciennes cascades où les roches usées et polies témoignent d'une action des eaux longtemps prolongée; de telle sorte qu'il n'est pas possible d'attribuer ces anciens lits de rivière aux pluies d'orage qui tombent encore à de longs intervalles sur des parties limitées du désert. Celles-ci n'y produisent que des ravins étroits et profonds, et les débris qu'elles entraînent ne présentent jamais des fragments arrondis et polis comme ceux des anciennes rivières. Tout semble donc indiquer qu'à la fin de l'époque quaternaire il s'est opéré un grand changement dans le climat de cette région. »

§ 2.

Ce climat est très pénible : comme celui du Sahara il est caractérisé par l'excessive sécheresse de l'atmosphère. Jamais une goutte de pluie ne vient rafraîchir le sol, jamais un nuage ne traverse le ciel : aux environs de Copiapo, il n'est pas tombé d'eau depuis des années. Il n'est donc pas étonnant de retrouver dans l'Atacama les mêmes phénomènes que nous avons déjà signalés en d'au-

tres déserts : les cadavres restés à l'air ne répandent aucune odeur, ils ne se décomposent point, mais ils se mo-
mifient ; la peau jaunit et se plisse sans se détruire, les
vêtements eux-mêmes restent presque intacts. M. Bresson
a particulièrement éprouvé les singuliers effets de cette
sécheresse : « Mes ongles, raconte-t-il, cassaient au moindre choc, mes cheveux et ma barbe se brisaient avec un
petit bruit sec dès que j'y portais la main, la peau de
mes lèvres était toute fendue, le sang qui en sortait se
séchait immédiatement ; les sabots de quelques-unes de
mes mules étaient fendus. »

Sur les plateaux placés aux pieds des Andes la sécheresse est plus insupportable encore. La raréfaction de
l'air est telle que la colonne barométrique monte parfois à 620 millimètres. De là cette fréquence des cas de
soroche, c'est-à-dire de « mal des montagnes ». Il fait de
nombreuses victimes surtout parmi les animaux : au début de l'exploitation des mines du haut Atacama c'est par
centaines que succombèrent les bêtes de somme. Le désert
était littéralement jonché de leurs cadavres. Chez l'homme,
le soroche se manifeste par des symptômes effrayants :
les jambes endolories refusent leur service, les artères
battent avec violence sous la peau congestionnée, des
hémorragies se déclarent, accompagnées de vertiges, de
nausées et d'une soif ardente ; la respiration s'accélère et
semble à chaque instant près de s'arrêter. C'est la mort
certaine si l'on ne redescend au plus vite.

D'autres dangers menacent le voyageur dans cette région maudite. Parfois arrivent du sud des vents d'une
violence extraordinaire, et dont les effets rappellent ceux
du simoun. Alors l'horizon devient d'un jaune rouge, le
soleil disparaît derrière un rideau violacé ; les sommets
des dunes frémissent ; une fumée jaunâtre s'en élève

comme du cratère d'un volcan au début d'une éruption. Peu après de véritables vagues de sable et de gravier remontent le flanc méridional de toutes les parties saillantes du sol et retombent du côté opposé en cascades tumultueuses qui produisent un bruit strident, analogue à celui de la vapeur s'échappant par les soupapes d'un générateur de locomotive [1].

§ 3.

Grâce à la nullité hygrométrique de son atmosphère, à son sol de sable et de sel, l'Atacama partage avec les plateaux iraniens et les hamadas sahariennes le triste privilège d'être absolument dépouillé de végétation.

Pour trouver quelque verdure, il faut aller tout à l'extrémité du désert, sur les bords du rio Copiapo et du rio Loa. Les berges de ce dernier cours d'eau sont tapissées d'alfa croissant à l'ombre des caroubiers et des tamarins. La flore locale y est représentée par un chétif arbuste : l'*Atriplex deserticola* et par quelques plantes, *Adesma atacamensis*, *Malesherbia deserticola*, *Scipus Chilensis* ou jonc du Chili, toutes si petites et si déliées qu'elles ne peuvent être employées, ni comme combustible, ni comme nouriture pour les animaux [2].

Cependant le bassin supérieur de la vallée est un peu moins déshérité ; on y trouve quelques oasis entretenues par des ruisselets d'eau saumâtre. La plus importante est celle de Calama, « la reine du désert », comme l'appellent les indigènes. Cette prétentieuse dénomination semblerait plutôt devoir s'appliquer à Chiuchiu. Située aux sources mêmes du rio Loa, dans un ancien fond la-

1. Bresson. Art. *cité*.
2. L. Ollivier. *Exploration*, 1876.

custre, protégée contre les tempêtes par le haut rempart de la Cordillère, Chiuchiu est un véritable paradis perdu au milieu de l'enfer atacaménien, un jardin fruitier et potager tout à la fois, avec de vrais arbres et de vrais légumes.

Non moins riante est, à l'autre bout du désert, la vallée du rio Copiapo. C'est une Égypte en miniature. Elle forme de la montagne à la mer une longue oasis, assez étroite, il est vrai, puisque sa largeur ne dépasse pas 100 mètres, mais dont la fertilité est telle que le blé y donne deux récoltes par an. Ce résultat n'est d'ailleurs obtenu qu'au moyen d'un système d'irrigation très ingénieux et qu'au prix d'un labeur incessant. .

Nous devons encore mentionner pour que cette énumération, forcément si brève des produits végétaux de l'Atacama, soit du moins complète, deux arbustes qui jouent un rôle important dans la vie de ses habitants : le *cactus* et le *coca*.

Le cactus du désert ne diffère guère, comme aspect, du cactus domestique que l'on voit dans nos serres, avec son port roide et dur et ses raquettes charnues hérissées d'aiguillons; mais il atteint ici de plus grandes proportions, car il monte parfois à 6 mètres. On le trouve dans les vallées de la Cordillère centrale, s'accrochant en épais maquis au flanc des cerros. Comme le saxaoul du Turkestan, il est tellement sec qu'on peut le jeter bas d'un coup de pied. Il constitue donc un excellent combustible et c'est le seul employé dans le désert.

Le coca (erythroxylon coca) est un petit arbre de deux à trois mètres de haut, remarquable surtout par les propriétés hygiéniques et médicinales de ses feuilles. Avec leur forme lancéolée aux fortes nervures, elles ressemblent beaucoup à celle du thé dont elles ont la suave odeur.

Mâchée, la feuille de coca insensibilise les muqueuses des voies digestives et abolit la sensation de la faim. Comme le café, elle stimule le système nerveux, elle soutient les forces musculaires, elle rend l'homme insensible aux intempéries, à toutes les influences morbides extérieures, à toutes les causes altérantes et destructives qui agissent sans cesse sur notre organisme. Comme le népentés chanté par Homère, elle dissipe les soucis et les chagrins; comme le hashich des Orientaux elle éveille les idées riantes et produit un sentiment de béatitude indéfinissable. Aussi l'érythroxylon a-t-il toujours joui d'une grande popularité dans la région des Andes. C'était jadis une plante sacrée dont la culture était le monopole exclusif des anciens souverains du Pérou, les Incas; les prêtres du soleil le brûlaient en guise d'encens devant l'autel de leur divinité. Aujourd'hui encore, cette plante merveilleuse, charme de l'esprit et des sens, fait les délices des aborigènes. C'est elle qui permet à tous les habitants du désert, aux pêcheurs de la côte qui vont alimenter les poissonneries de Copiapo, au pâtre paissant ses troupeaux sur les sommets glacés des Andes, au malheureux Indien condamné au rude travail des mines, de supporter leur misère. Jamais l'un de ces hommes n'entreprendra une longue marche dans le désert sans avoir sa *chuspa*, sa blague, dirions-nous en France, bourrée de feuilles desséchées de coca. Il en mâche continuellement. Pour faire sa « chique » il prend les feuilles une à une, les étale sur la paume de la main gauche et les mouille avec sa langue. Puis pour neutraliser leurs principes acides il y mêle de la chaux vive, ou, plus souvent, une autre substance alcaline, le *llipata*, qui n'est autre chose que la cendre du cactus cierge, roule le tout en boule et l'insinue dans sa bouche entre les dents et la joue. Quand la

Le cactus du désert.

boulette a perdu ce qu'on regarde comme ses qualités, il en fait une autre et ainsi de suite toute la journée.

En résumé, sauf dans ses parties montagneuses et dans les deux vallées que nous venons de citer, le sol du désert se montre des plus rebelles au développement de la végétation. Pas le moindre arbrisseau, pas l'ombre d'une plante ne s'aperçoit sur la morne étendue des sables, pas un brin d'herbe ne pointe au milieu des rocailles du plateau. La stérilité est partout absolue.

§ 4.

La nature ne s'est montrée qu'à moitié marâtre vis-à-vis de l'Atacama. Si elle lui a refusé les dons extérieurs, toutes ces étranges séductions de la terre ou du ciel qui attirent tant de voyageurs en d'autres déserts, si elle n'a pas répandu à sa surface, comme sur le versant oriental des Andes les eaux limpides, la verdure et les fleurs, elle l'a d'autre part amplement dédommagé, elle l'a comblé de trésors intimes, elle lui a prodigué tous ces métaux précieux dont le flux ou le reflux exerce une influence décisive sur la vie des sociétés civilisées, sur la destinée des nations comme sur celle des individus. Sous l'écorce rugueuse et calcinée du désert gisent, en amas considérables, des sels de toute sorte qui trouvent leur application journalière dans l'industrie. Plus profondément s'ouvrent, comme autant de grottes des *Mille et une Nuits*, d'innombrables galeries aux parois lambrissées de cuivre, d'argent et d'or.

Combien d'autres richesses encore ! La baie de Mejillones est fermée à l'ouest par une presqu'île rocheuse que domine un « dyke », ou montagne conique, de 800 mètres de hauteur, le Morro. Les flancs de cette montagne ne sont qu'une immense *guanera* ou dépôt de guano. Ce précieux engrais, si célèbre dans l'agronomie moderne, n'est tout simplement que la fiente accumulée depuis des siècles par des myriades d'oiseaux de mer, pélicans, pingouins et cormorans, qui vivent sur les côtes occidentales de l'Amérique du Sud. Sous le climat sec du haut Chili, les substances qui composent le guano, sels ammoniacaux, phosphates de chaux et de magnésie, etc., n'éprouvent aucune déperdition : un échantillon analysé par M. Bonoyuko, recteur de l'Université de Santiago n'a pas donné moins de 42 pour 100 de matières fertilisantes dont 12 pour 100 d'azote, proportion qu'atteignent rarement les meilleurs guanos connus[1]. Aussi beaucoup d'agriculteurs préfèrent-ils aujourd'hui le guano de Mejillones à celui des iles Chinchas.

Dans l'intérieur du désert on rencontre de grandes quantités de borate de soude, de borate de chaux et de sulfate de baryte.

Les *salitreras*, dépôts de nitrate de soude, nitre ou salpêtre y sont aussi très nombreux. Ils se trouvent presque toujours sous des couches de sel marin. Eux-mêmes reposent sur une espèce de brèche composée de fragments de roche porphyrique cimentés par du gypse.

C'est le principal produit salin de l'Atacama, Malheureusement la difficulté de la vie dans l'aride désert qui le recèle et l'insuffisance actuelle des moyens de transport ne permettent pas d'en tirer tout le parti possible. Quelques salitreras seulement sont livrées à l'exploitation : les plus productifs sont ceux de la Compagnie anglaise Higgs et Adamson, à trois lieues d'Antofagasta, puis à l'est du port de Taltalt, le dépôt de Cachiyugal qui forme une bande

---

1. Courcelles-Seneuil. (*Économiste français*. 1878.)

longue de 8 kilomètres, large de 50 à 60 mètres et épaisse
d'un mètre. Enfin plus au nord, les riches dépôts de la
Compagnie Guzman qui, épais de 1 mètre à 2 m. 60, occupent une superficie de 600 hectares.

Mais ce qui a surtout fait la célébrité de l'Atacama dans
le monde savant et aussi, disons-le, dans celui des spécu-
lateurs, ce sont ses richesses minières. En 1853, lors de
son voyage dans le désert chilien, le docteur Philippi
comptait 642 mines dont : 17 mines d'or, 116 mines de
cuivre, 509 mines d'argent. Ce nombre s'est beaucoup
accru depuis par la mise au jour des gisements argenti-
fères de Caracolès.

Rien de plus intéressant que la manière dont s'effectuent
ces découvertes de mines dans l'Atacama. Le hasard n'y
joue qu'un rôle secondaire : elles sont, le plus souvent, le
fruit de longues et minutieuses investigations.

La recherche des métaux précieux a toujours été, en
effet, comme le prouve la légende du *serro incantado*,
l'objet des constantes préoccupations des montagnards de
la Cordillère. C'est, en Bolivie comme au Pérou, une véritable profession rapportant gloire et profit à celui qui
l'exerce. Mais s'il y a beaucoup d'appelés, combien peu
d'élus ! Le métier de *cateador*, chercheur ou sondeur de
mines, exige une vocation bien déterminée, un ensemble
de qualités qui se trouvent rarement réunies chez un
homme. « Le cateador, dit M. Bresson, doit être aussi
intrépide voyageur que mineur expérimenté. Monté sur
un mulet, il part sans guide pour le désert, n'emportant
que quelques frugales provisions et une petite quantité
d'eau. Sur sa selle il a une petite pioche, une pince d'acier
(*barreta*) et dans ses fontes, un bout de bougie et un
chalumeau. C'est avec ces seuls outils qu'il se lance dans
le désert et fait souvent les découvertes les plus difficiles.

Pour se guider, on dirait qu'il a comme une espèce de
flair, de pressentiment instinctif des affleurements métallifères. Mais ce qu'il a surtout, c'est une collection infinie
d'observations et de remarques personnelles, qu'il met
constamment à profit pour choisir une direction. Tout lui
est indice : l'aspect général des terrains, leur teinte permanente ou leur coloration accidentelle; la disposition de
ces vallées ou ravins escarpés qui sillonnent le désert, la
nature des débris rocheux qui sont parsemés sur le sol,
et, avant tout, la rencontre du sulfate de baryte ou ba-
rytine dont il suit la trace avec une habileté extraordinaire. »

Ainsi furent découverts les placers de Caracolès. Le fait
est trop important, trop instructif aussi pour que nous
puissions le passer sous silence. En mars 1870, une petite
troupe de sept cateadores explorait pour le compte d'un
Français, le baron Arnous de Rivière, la partie septentrionale du désert d'Atacama afin d'y rechercher des terrains miniers. Épuisés de fatigue, n'ayant de vivres que
pour quelquelques jours, ces vaillants se disposaient à
regagner Mejillones, à 30 lieues de là, lorsque survint un
évènement qui, d'un coup, les dédommagea de toutes
leurs peines passées. Le 25 mars, ils arrivèrent au pied
d'un groupe de montagnes porphyriques hautes de près
de 600 mètres, et dont la couleur rougeâtre tranchait
vivement sur le fond pâle des sablières environnantes. Ce
groupe était formé par des chaînons allongés, où *ser-
ranias*, orientés du nord au sud comme tous les reliefs de
la région, dominés comme eux par des cerros et entaillés
par une foule de vallons qui s'entre-croisaient en tous
sens. Cette disposition frappa vivement les cateadores qui,
à certains indices appréciables seulement pour les gens
de leur profession, crurent reconnaître la présence de

gisements métallifères en cet endroit. Dès leur retour à Mejillones ils s'empressèrent de faire part de leur impression à don José Diaz Gana, l'un des chercheur de mines les plus renommés du pays. Celui-ci partit immédiatement et commença ses sondages. Les agents du baron de Rivière ne s'étaient pas trompés. Après quelques jours de patientes recherches, don José trouva 6 filons d'argent d'une puissance et d'une beauté extraordinaires, puis quelques semaines plus tard, sept autres veines non moins riches.

On ne saurait imaginer le retentissement qu'obtinrent ces découvertes, non seulement en Amérique, mais en Europe. Le délire des richesses, l'*argenti sacra fames* s'empara de nombre de cerveaux. Toute une campagne industrielle fut menée contre le désert. C'est par centaines que les expéditions organisées par les grandes Compagnies financières des deux mondes s'élancèrent, nouveaux Argonautes, à la conquête du précieux minerai, c'est par milliers, par dizaines de mille qu'arrivèrent au gouvernement bolivien les demandes de concession dans cette Terre promise, qui déjà avait reçu le nom de « *Caracolès,* colimaçon » en raison des nombreux fossiles, bélemnites et ammonites, répandus au milieu des quebradas.

Un petit village auquel on donna le nom de Placilla s'improvisa rapidement, au centre du district, avec des tentes et des huttes en terre sèche. Deux ans après, en 1872, sa population était déjà de 1500 âmes. En 1874, elle montait à 5 000. C'était une vraie ville avec des rues tirées au cordeau, bordées de maisons en bois et en tôle galvanisée. Elle avait une église, des écoles, des usines pour le traitement du minerai. La vieille capitale du désert, San Pedro d'Atacama, perdue à 2 665 mètres d'altitude dans un amphithéâtre de volcans était éclipsée par sa jeune rivale. Les vieilles races indigènes se voyaient refoulées aux confins du désert : les *Aymaras* de Bolivie, les *Atacamenos* du Chili, les Changas, dont la physionomie barbare avait tant frappé le docteur Philippi quelques années auparavant, étaient comme noyés au milieu de ce flot d'ouvriers étrangers qui sans cesse montait....

C'est que les mines n'avaient pas déçu les espérances de leurs premiers explorateurs. On avait reconnu que les filons trouvés par don José, loin d'être superficiels, comme le bruit en avait couru un instant, se poursuivaient sans solution de continuité à des distances considérables et se révélaient de jour en jour plus puissants. On en avait même découvert de nouveaux à 184 mètres de profondeur, tous de facile extraction et atteignant une épaisseur *minima* de 3 à 4 mètres. Le terrain minier s'étendait, littéralement criblé de puits, à 40 lieues autour de la Placilla. L'argent qu'on en extrayait, chaque mois, représentait une valeur de 5 050 000 francs, et, à la fin de l'année 1874, il n'avait pas été exporté du district de Caracolès moins de 18 886 kilogrammes d'argent pur[1]. Certaines mines avaient donné jusqu'à 60 marcs d'argent, soit 303 000 francs de notre monnaie (le marc vaut 50 fr. 50). Le succès de cette grande entreprise industrielle semblait donc définitivement assuré.

Cependant, l'année suivante, un mouvement de baisse très accentué se produisit : les capitaux cessèrent d'affluer, le nombre des mineurs resta un moment stationnaire, puis diminua. Des avis décourageants arrivèrent en Europe. La cherté de la main-d'œuvre, écrivait-on, est arrivée à un point tel que beaucoup de concessionnaires, faute des fonds nécessaires, renoncent à faire travailler sérieusement. D'autres reculent devant les résultats dou-

1. Pesse. *Bulletin de la Société de Géographie.*

teux qu'entraînerait l'exploitation de minerais qui, dans de tout autres conditions pourraient être rémunérateurs, mais qui, situés à Caracolès, à 42 lieues de la côte, à 2 500 mètres de haut, ne donneraient bien probablement que des résultats négatifs[1].

Le désert, cet éternel ennemi de l'homme, cette barrière sans cesse opposée par la nature aux progrès de la civilisation, telle était en effet la cause, l'unique cause de ces défaillances, de ce revirement inattendu.

On comprend d'ailleurs quelle difficulté présentait l'entretien d'une agglomération de plusieurs milliers d'hommes et d'autant de bêtes de somme dans un pays absolument improductif où il fallait faire venir du dehors les vivres les denrées, les vêtements, les fourrages, tout, jusqu'à l'eau, le peu qu'en contenait le Rio-Loa et le rio Copiapo étant tellement saturé de nitre que les mules elles-mêmes refusaient d'en boire. Un litre d'eau potable coûtait 40 centimes. Le bois de chauffage, qu'on était obligé d'aller chercher à 20 lieues de la Placilla, en pleine Cordillère, était vendu 70 centimes le kilogramme !

§ 5.

Ce qui contribuait beaucoup à augmenter la cherté des choses les plus indispensables à la vie, c'était la difficulté de leur transport à travers le désert. Les routes construites autrefois par les Incas n'étaient que des sentiers frayés tant bien que mal à travers les sables et les pierres. En outre le tracé en était très mauvais. Ce n'était ni la présence de puits en tel ou tel lieu, ni la disposition plus ou moins favorable des terrains qui l'avaient déterminé,

1. *Revue britannique*, 1875.

mais seulement la préoccupation d'établir des lignes droites aussi longues que possible.

Plusieurs de ces voies anciennes existent encore : on peut citer entre autres le *Camino de l'Inca* qui relie la côte à San Pedro d'Atacama. Il est jalonné de nombreuses *apachecas*, pyramides élevées en l'honneur d'une divinité locale, Pachacamoc, et auxquels un antique usage veut que chaque passant ajoute une pierre.

Pour se rendre directement du littoral à Caracolès il y deux routes à suivre : la première part de Mejillones ; c'est la plus courte, car elle n'a que 40 lieues. La seconde part d'Antofagasta ; elle est plus fréquentée que la précédente, quoique plus longue de 8 lieues. Elle présente une inclinaison moins rapide et exige par suite une traction moins puissante. Quatre *posadas*, servant à la fois d'hôtelleries pour les voyageurs et de centre de ravitaillement pour les convois, sont échelonnées sur son parcours.

La durée du trajet par l'une ou l'autre de ces deux routes est de cinq jours pour la montée, et de trois à quatre pour la descente.

La traversée se fait, comme dans tous les déserts, par caravane. Mais, pour les transports, on se sert ici de chariots attelés de mules et formés en convois de 15 à 40 véhicules, sans compter les voitures de *pasto*, ou foin sec comprimé. Chaque convoi est sous la direction d'un *capataz mayor*.

Les bagages, l'eau et les vivres se transportent à dos de mulet. L'eau est renfermée dans des barillets d'une contenance de 8 à 10 gallons : le gallon vaut 4 litres et demi. Chaque bête est chargée de deux ou trois de ces barils. Les vivres et les bagages sont emballés dans des sacs de cuir que l'on attache sur le bât avec des lanières.

L'organisation des caravanes de l'Atacama présente

quelques points communs avec celles du Sahara. Leur premier et indispensable élément est un guide ou, comme on l'appelle ici, un *vaqueano*.

Justement comparable au kébir Saharien, le vaqueano doit posséder dans sa spécialité autant de qualités que le cateador dans la sienne. Il faut qu'il fasse preuve d'activité, de sang-froid, d'une bravoure à toute épreuve, d'un esprit fertile en ressources et aussi d'une sobriété exemplaire. Il faut que son énergie puisse triompher de toutes les fatigues, de toutes les privations. Il faut que sa vigilance ne se démente pas un seul instant et qu'elle s'étende aux plus petits détails, aux moindres besoins des hommes et des animaux. Rien ne saurait lui rester étranger : il doit connaître l'hygiène à suivre en route et les remèdes à employer contre les blessures et les indispositions, savoir se diriger, le jour, à l'aide du soleil, la nuit, au moyen des étoiles ; il doit surtout avoir une connaissance parfaite du désert, de ses puits, de ses stations, une expérience suffisante pour reconnaître, rien qu'au toucher, à l'odorat ou même au goût, la nature des terrains qu'il traverse, une aptitude spéciale pour établir ses points de repère et distinguer à des signes imperceptibles pour tout autre que lui l'endroit précis où il se trouve.

C'est que la responsabilité qu'il encourt est considérable, c'est que de lui, de lui seul, dépend souvent la destinée d'une expédition. « Il a, dit M. Bresson, la vie de ceux qui le suivent entre les mains ; qu'il vienne à incliner un peu trop à droite, à gauche, à manquer la posada isolée ou l'aiguade où l'on doit trouver l'eau pour ravitailler hommes et animaux et toute la caravane est vouée à des souffrances terribles, peut-être à la mort par l'épuisement et le délire. »

Après le vaqueano, le personnage le plus important de

la caravane est l'*arriero*, le chef muletier. Il est spécialement chargé, sous le contrôle du vaqueano, de la con-
duite et du soin des montures et, chose très importante au désert, de leur harnachement.

Le bât en est la partie principale : il est simplement
formé de plusieurs « pellons », ou peaux, de moutons
maintenues sur le dos de l'animal par une large sangle.
La selle se compose également de plusieurs peaux mais
on y ajoute une armature en bois, d'où pendent de
lourds étriers.

En route, les caravanes marchent dans l'ordre suivant :
en tête le vaqueano avec la troupe des voyageurs, puis
le capataz mayor avec les chariots, enfin l'arriero avec
les vivres, les bagages et l'équipage d'eau. Les mulets ne sont pas attachés, mais suivent en file indienne
et avec une docilité parfaite la monture de leur conduc-
teur.

Les caravaniers de l'Atacama ont un équipement des
plus simples : pour chaussures des bottes en cuir jaune,
pour coiffure un chapeau de paille, pour vêtements une
veste, un gilet et un *poncho*, sorte de burnous formé par
un carré d'étoffe en laine de vigogne, muni en son milieu d'un trou pour laisser passer la tête, et généralement
brun ou rayé de couleurs voyantes.

Les vivres qu'on emporte à Caracolès consistent en conserves, biscuits, *charqui* ou viande de bœuf coupée en
tranches, puis séchée au soleil, et en farine de maïs,
destinée à la préparation d'une bouillie appelée *masa-
mova*, et qui est, dit-on, le mets favori des habitants du
désert.

Cependant, malgré toutes les précautions prises et la
bonne organisation des caravanes, la traversée du désert
est extrêmement lente et pénible. D'autre part, les moyens

Le vaqueano et l'arriero.

de transport étant trop primitifs, le ravitaillement des
petites cités industrielles qui forment le district de Caracolès ne se fait pas régulièrement, et l'exportation des
minerais est grevée de frais considérables. De là ces nombreux projets de chemin de fer qui ont été soumis au
gouvernement chilien.

Dès 1877, celui-ci organisa deux expéditions : l'une
chargée d'explorer le désert et d'en constater les richesses, l'autre chargée d'explorer le littoral afin d'y
découvrir un port, qui relié par une voie ferrée à l'intérieur du désert permît d'amener à la mer sans trop de
peine les produits miniers. Les résultats ne furent pas
concluants. C'est pourquoi en 1882, un ingénieur chilien, M. Manuel Ossa, résolut d'entreprendre une nouvelle exploration du désert surtout au point de vue pratique. Soutenu par des capitalistes de Valparaiso, il forma
une caravane de vingt personnes parmi lesquelles les
cateadores les plus experts de Copiapo. Le chimiste et
géologue allemand Sieveking les accompagnait. Enfin, le
gouvernement chilien décida d'intervenir à son tour et
de résoudre définitivement cette question du chemin de
fer depuis si longtemps pendante. En 1883, il institua
une grande commission scientifique présidée par l'ingénieur des mines, Francisco San Roman, et chargée de
dresser la carte topographique des voies de communication à ouvrir dans l'Atacama[1].

Ce travail est aujourd'hui sur le point d'être achevé.
La commission adoptant les plans de M. Bresson, l'un des
premiers et des plus savants explorateurs du Sahara chilien a designé Mejillones comme tête de ligne du futur
chemin de fer.

1 *Décret présidentiel du* 17 *avril* 1883.

Nul voyageur n'a d'ailleurs mieux que notre compatriote saisi ce charme mystérieux des solitudes atacaméniennes subi, au même degré, l'attraction de leur beauté sauvage, et c'est dans un langage de poète que cet ingénieur a résumé ses impressions de voyage dans l'Atacama : « On s'éprend peu à peu, dit-il, de ce désert qui n'avait d'abord inspiré que des sentiments répulsifs et sa physionomie prend un intérêt qu'on n'aurait jamais soupçonné. Pour le voyageur qui ne fait que le traverser, en se rendant rapidement au point où il doit aller, rien en effet n'est plus lugubre que ces ondulations perpétuelles, ces déchirures abruptes dans des terrains décharnés, ces masses de granit et de porphyre alternant avec des collines de sable aveuglant ; rien n'est plus dur que ces courses de 20 lieues faites en toute hâte pour gagner l'aiguade où l'on ne pourra étancher sa soif qu'à une eau saumâtre et malsaine.

« Mais pour l'explorateur qui, au lieu de ne passer qu'une fois a vécu longtemps dans les desplobados, qui les a parcourus, animé de la pensée de vaincre les résistances qu'ils opposent à l'esprit de civilisation, pour celui-là, ces régions si mortes présentent à chaque instant des phénomènes pleins d'attrait, de séduction même et, à la longue, on se prend pour le désert de la passion que le marin ressent pour la mer. »

BIBLIOGRAPHIE.

Bresson. *Le Désert d'Atacama* (Tour du Monde, 1875).
Bresson. *Bolivia*, 1 vol. gr. in-8.
Bresson. *Le District de Caracolès* (Explorateur, 1876).
Courcelle-Seneuil. *Une exploration dans les déserts du Chili* (Économiste français, 1878).
L'Ollivier. *Le Désert d'Atacama* (Exploration, 1876).

Pesse. *Le Désert de Caracolès* (Bulletin de la Société de Géographie. de Paris, 1874).

Philippi (D^r). *Reise durch die Wüste Atacama* (Traduction du journal de la Société de Géographie de Londres, tome XXV).

Pissis. *Montagnes et terrains du désert d'Atacama* (Comptes rendus de l'Académie des sciences, 1870).

Planche (Capitaine). *Les Déserts du Chili* (Revue maritime et coloniale, 1875).

Ursel (d'). *Sud-Amérique*, 1 vol. in-8.

Vivien de Saint Martin. *Caracolès et ses mines d'argent* (Année géographique, 1873).

Vivien de Saint Martin. *Les Mines d'argent du Chili* (Revue britannique, 1875).

TABLE DES CHAPITRES

19230. — PARIS, IMPRIMERIE A. LAHURE
Rue de Fleurus, 9.

Imprimerie A. Lahure, rue de Fleurus, 9, à Paris.